Discovery EDUCATION

맛있는 과학

디스커버리 에듀케이션
맛있는 과학-24 성

1판 1쇄 발행 | 2012. 3. 9.
1판 4쇄 발행 | 2018. 3. 11.

발행처 김영사
발행인 고세규
등록번호 제 406-2003-036호
등록일자 1979. 5. 17.
주 소 경기도 파주시 문발로 197(우10881)
전 화 마케팅부 031-955-3102 편집부 031-955-3113~20
팩 스 031-955-3111

값은 표지에 있습니다.
ISBN 978-89-349-5473-6 64400
ISBN 978-89-349-5254-1 (세트)

좋은 독자가 좋은 책을 만듭니다. 김영사는 독자 여러분의 의견에 항상 귀 기울이고 있습니다.
독자의견전화 031-955-3139 | 전자우편 book@gimmyoung.com | 홈페이지 www.gimmyoungjr.com
어린이들의 책놀이터 cafe.naver.com/gimmyoungjr | 드림365 cafe.naver.com/dreem365

어린이제품 안전특별법에 의한 표시사항
제품명 도서 **제조년월일** 2017년 4월 11일 **제조사명** 김영사 **주소** 10881 경기도 파주시 문발로 197
전화번호 031-955-3100 **제조국명** 대한민국 ▲**주의** 책 모서리에 찍히거나 책장에 베이지 않게 조심하세요.

최고의 어린이 과학 콘텐츠

디스커버리 에듀케이션 정식 계약판!

Discovery EDUCATION

맛있는 과학

24 | 성

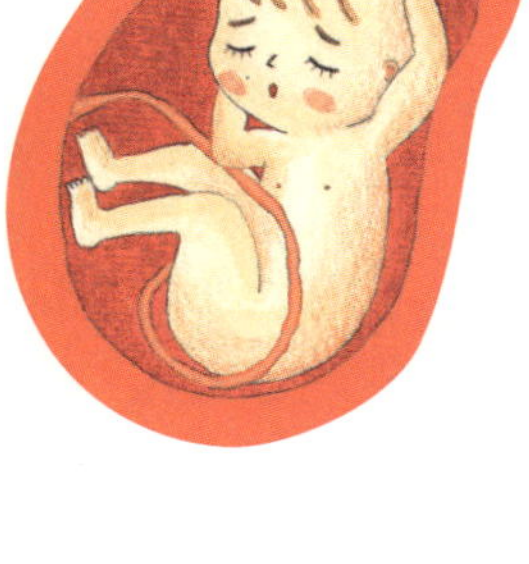

민주영 글 | 문미경 그림 | 류지윤 외 감수

주니어김영사

차례

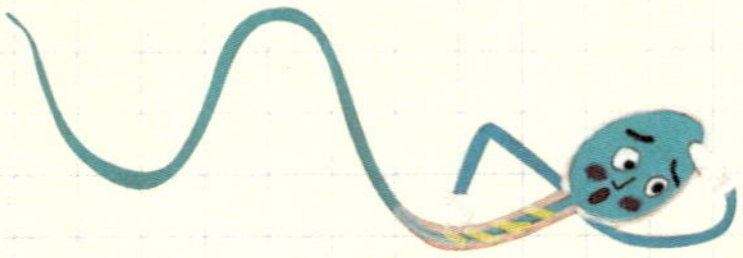

1. 여자와 남자의 성

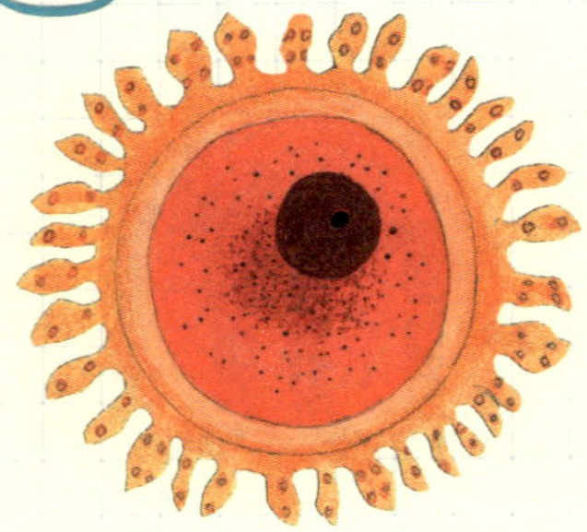

2. 신비한 생명의 탄생

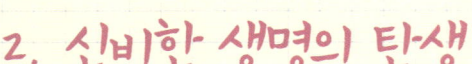

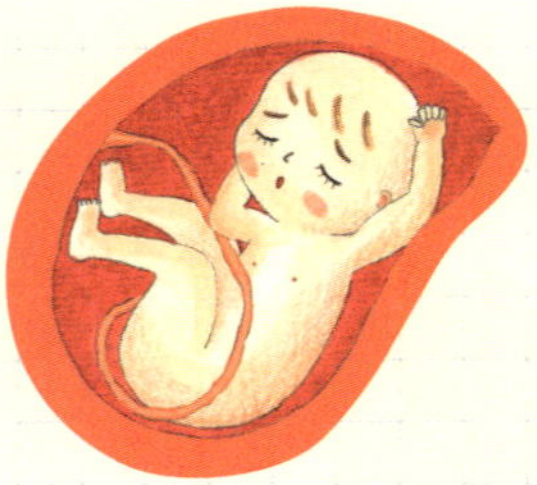

3. 염색체의 비밀

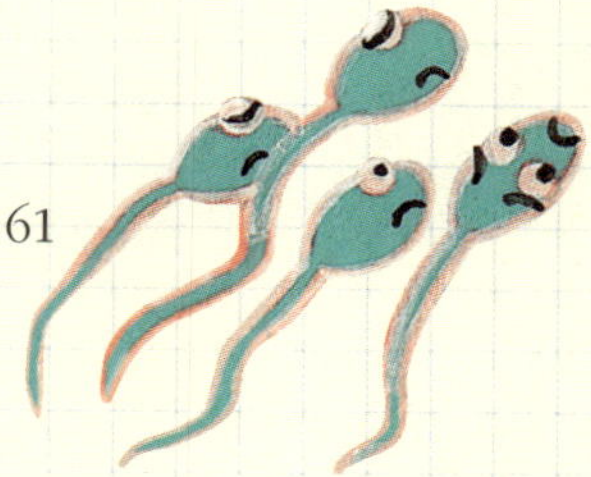

4. 올바른 성 지식

5. 다른 동물의 성

관련 교과

중학교 2학년 4. 소화와 순환

중학교 3학년 1. 생식과 발생, 8. 유전과 진화

1. 여자와 남자의 성

여자와 남자는 처음부터 다른 모습으로 태어납니다. 그리고 자라면서 생김새가 더 많이 달라집니다. 이러한 변화의 원인은 호르몬이라는 물질 때문입니다. 사춘기를 지나면서 여자는 가슴이 커지고 골반이 벌어집니다. 여자의 이러한 몸의 변화는 아기를 낳아 키울 준비를 하는 과정인 셈이에요. 남자는 목소리가 굵게 변하고 어깨가 넓어지며 힘이 세집니다.

사춘기 몸의 변화

우리는 자라면서 언젠가 한 번은 사춘기를 경험합니다. 사춘기가 도대체 무엇인지 먼저 사춘기(思春期)라는 말을 한자로 풀이해 볼까요? 사춘기에서 '사(思)' 자는 생각을 의미합니다. 그리고 '춘(春)' 자는 봄을 뜻합니다. 봄은 싹이 트고 꽃이 피는 시기로 새롭게 시작한다는 의미가 있습니다. 이렇게 생각한다는 의미와 시작이라는 의미의 글자가 합쳐져 '생각이 시작되는 시기'라는 뜻의 사춘기라는 말이 만들어졌습니다.

한자 뜻처럼 사춘기는 자신의 생각이 세워지는 시기입니다. 사춘기 이전의 아동은 부모님이나 주변 어른의 의견에 따라 행동하는 경우가 많습니다. 하지만 사춘기를 겪는 청소년들은 대부분 혼자 의사를 결정하려고 하고, 자신의 의견을 존중받고 싶어 합니다. 사춘기는 친구와 우정이 깊어지고, 좋아하는 이성이 생기기도 하는 시기입니다. 그래서 사춘기에는 부모님보다 또래 친구와 어울리기를 좋아하고, 부모님에게 괜한 짜증을 부리기도 합니다. 또 혼자 있고 싶어 하거나, 다른 사람을 신경 쓰지 않고 제멋대로 행동하기도 합니다. 게다가 이때는 몸이 많이 변하기 때문에 더욱 예민해집니다. 다른 친구들과 몸의 성장을 비교하며 부러워하거나 스트레스를 받기도 합니다.

아이 몸에서 급격히 어른 몸으로 변하는 사춘기를 받아들이기 힘들어하

는 청소년도 있습니다. 하지만 사람이 태어나서 어른으로 변하는 시기는 누구나 겪는 과정이니 두려워하거나 어색해할 필요는 없습니다. 자기 몸의 변화가 걱정되거나 두렵다면 형이나 언니, 또는 부모님이나 선생님과 대화를 통해 어른이 되는 과정을 이해하며 두려움을 줄일 수 있습니다. 그리고 몸의 변화에 대해 미리 알고 있다면 갑자기 변화를 겪을 때 당황하지 않을 수 있습니다. 그러면 사춘기에 몸이 어떻게 변하는지 알아볼까요?

여자의 몸의 변화

먼저 여자의 몸의 변화를 살펴보겠습니다. 여자아이에서 여성이라 불리는 어른이 될 때까지 여자는 몸의 변화를 겪습니다. 겨드랑이와 생식기 주변에 털이 나는 변화도 겪지만, 겉으로 보이는 가장 큰 변화는 가슴의 변화입니다.

항체

면역계 내에서 항원의 자극으로 만들어지는 물질입니다. 항원이란 생체 속에 없는 이물질로 세균, 바이러스, 기생충 등이 있습니다. 항원이 몸으로 들어오면 생체 내에는 이에 대항해 항체를 만듭니다. 항체는 항원과 결합하여 항원항체반응을 일으켜 항원을 약화시키며 생체를 보호합니다.

여자가 가슴이 봉긋하게 변하는 것은 엄마가 되는 준비 과정입니다. 아기는 태어나면 당장은 치아가 없어서 성인이 먹는 음식을 먹을 수 없습니다. 이가 나서 음식을 씹어 먹을 수 있을 때까지는 엄마 젖을 먹어야 합니다. 요즘은 분유를 먹고 자라는 아기도 많지만, 분유는 소의 젖으로 만드는 가공품이기 때문에 모유보다 영양가와 안전성이 떨어집니다. 또, 분유는 보관 기간이 길어지면 상할 수도 있으며 모유는 병균이 몸에 들어왔을 때 우리 몸을 보호하는 항체가 풍부하지만 분유는 그렇지 않습니다. 아기에게 1년 이상 모유를 먹이면 면역력이 강화되어 분유를 먹는 아기보다 질병에 걸릴 확률이 낮아집니다. 게다가 모유는 나쁜 성분이 들어갈 위험도 없고, 유통 과정이 없어서 상할 일도 없습니다. 또한, 분유는 아기의 성장에 따라 그

가슴 발달 과정

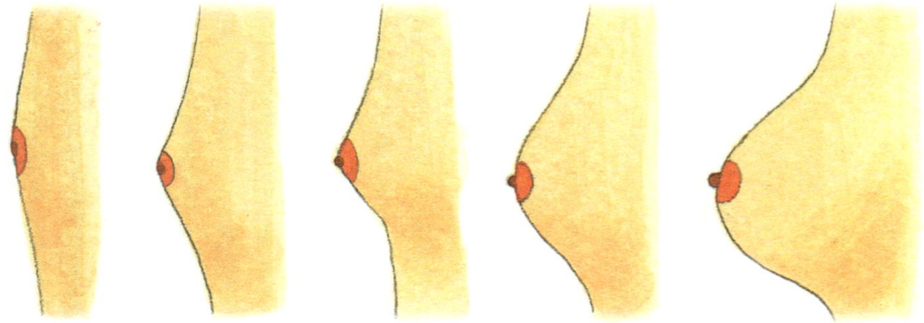

1단계	2단계	3단계	4단계	5단계
어린이 젖가슴.	멍울이 생김.	유방 조직과 젖꼭지가 커짐.	젖꼭지와 젖꽃판이 튀어나옴.	부드러운 외형을 이룸.

시기에 맞는 제품으로 바꾸어서 먹여야 하지만 모유는 아기의 성장에 따라 성분이 저절로 변합니다. 이처럼 몸에 좋은 모유를 아기에게 주기 위해서 여자는 사춘기에 가슴이 변합니다.

모유에는 몸을 보호하는 항체가 풍부하다.

남자의 몸의 변화

남자는 여자보다 몸의 변화가 1~2년 정도 늦게 나타납니다. 하지만 여자보다 호르몬 분비가 늦다는 뜻은 아닙니다. 남자도 여자와 똑같은 시기에 호르몬이 분비되지만, 몸의 변화가 조금 늦게 나타날 뿐입니다. 남자는 사춘기로 접어들면서 생식기관이 많이 변합니다. 음낭이 커지고, 색이 짙어지며, 주름이 많이 생기지요. 또 목소리가 굵어지고 어깨가 넓어지기 시작하며, 겨드랑이와 생식기 주변에 털이 납니다.

성호르몬

남자와 여자의 몸이 다르게 변하는 이유는 호르몬 때문입니다. 호르몬은 우리 몸에서 여러 기능을 조절하며 생명 활동 유지에 많은 도움을 주는 화학물질입니다.

남자의 정소에서는 남성호르몬인 테스토스테론이 분비됩니다. 사춘기가 되면 테스토스테론이 굉장히 많이 분비됩니다. 테스토스테론의 영향으

에스트로겐

여성호르몬의 하나로 난소의 소포에서 만들어집니다. 소포호르몬이라고도 불리지요. 에스트로겐은 사춘기 이후에 많은 양이 분비되어 여성의 몸의 변화에 영향을 줍니다. 가슴을 나오게 하고 성기를 성숙하게 하지요. 또한 다른 호르몬과 함께 작용해 자궁벽의 두께를 조절하고 배란에 영향을 주어 생식 주기를 조절하는 역할을 합니다.

로 정소에서 정자가 만들어지고, 몸에 근육이 생기며, 겨드랑이와 생식기 주위에 털이 납니다. 어깨가 벌어지고 목소리가 굵어지는 원인도 남성호르몬 때문이지요.

여자에게는 몸을 변화시키는 에스트로겐과 프로게스테론이라는 호르몬이 분비됩니다. 이 두 호르몬은 난소에서 분비됩니다. 여자도 호르몬의 영향으로 겨드랑이와 생식기 주위에 털이 생깁니다. 여자에게 분비되는 호르몬은 남성호르몬보다 이름도 어렵고 종류도 다양합니다. 여자는 어른이 되면 임신을 하고 아기를 낳아야 하기 때문에 호르몬이 복잡하게 분비됩니다. 일반적으로 여자가 남자보다 감정 변화가 심하고 감성적인 것은 복잡하게 분비되는 호르몬의 영향 때문이기도 합니다.

프로게스테론

난소 안에 있는 황체나 태반에서 분비되는 여성호르몬입니다. 황체호르몬이라고도 불리지요. 다른 호르몬과 함께 생식 주기에 영향을 주며 임신을 유지하는 작용을 합니다.

남자의 생식기

남자에게는 음경이 있습니다. 그리고 그 뒤에 주머니가 하나 있습니다. 이 주머니를 음낭이라고 합니다. 음낭 안에는 동그란 구슬처럼 생긴 정소가 두 개 있습니다. 정소는 정자와 남성호르몬인 테스토스테론을 만듭니다.

사춘기가 되면, 남성호르몬의 영향으로 정소에서 많은 정자가 만들어집니다. 정소에서 만들어진 정자는 정관을 따라 전립선이라는 곳으로 이동합니다. 전립선에서는 알칼리성 분비물이 나와 정자의 운동을 활발하게 합니다. 전립선을 지나온 정자는 쿠퍼선에서 마지막 분비물을 받습니다. 쿠퍼선을 통과한 정액 속의 정자는 요도를 따라 몸 밖으로 빠져나갑니다.

전립선

남성 생식기관인 요도가 시작되는 부위를 둥글게 둘러싸는 기관입니다. 전립샘이라고도 불립니다. 정액을 구성하는 우윳빛 액체를 만들어서 요도로 분비해 정자의 운동을 활발하게 합니다.

쿠퍼선

요도구선이라고도 부릅니다. 완두콩만 한 크기의 분비선으로 요도 뒤쪽에 한 쌍으로 있습니다. 무색 투명한 분비물을 만듭니다. 이 분비물은 요도를 적시며 정액과 합쳐집니다.

■ 남자의 생식기

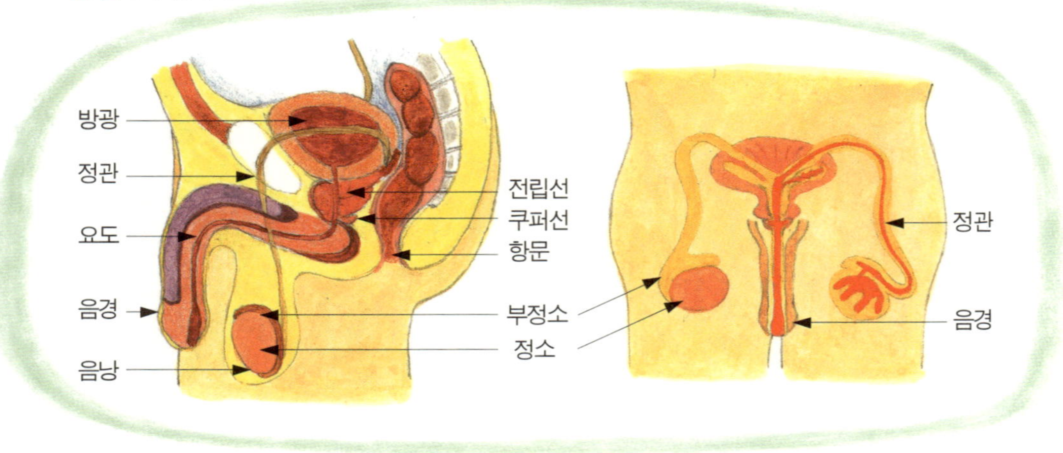

여자의 생식기

여자의 생식기 구조는 겉으로 보았을 때는 남자보다 단순하지만, 안쪽 구조는 훨씬 복잡합니다. 아기를 낳을 수 있는 공간이 있어야 하기 때문이지요. 남자에게 호르몬을 분비하는 기관인 정소가 있듯이 여자에게는 난소가 있습니다. 난소는 여성호르몬을 분비할 뿐만 아니라, 남자의 정소에서 정자를 만드는 것처럼 난자를 만듭니다.

난자를 만드는 난소와 여자가 임신했을 때 아이가 자라는 자궁은 난관으로 연결되어 있습니다. 아기는 여자의 난자와 남자의 정자가 만나야 생기는데, 난자와 정자가 만나는 곳이 바로 난관입니다. 난소에서 나온 난자가 정자를 만나지 못하면 여성의 몸 밖으로 배출됩니다.

난자

여성의 생식세포로 여성의 생식기관인 난소에서 만들어지는 단세포입니다. 정자와 수정하여 같은 종의 새로운 개체를 만드는 유성생식을 합니다. 여성은 태어나 임신 가능한 기간 동안 300~400개의 난자를 내보냅니다.

수정란

정자와 난자가 만나서 생긴 새로운 세포를 말합니다. 이 세포가 자라면 새로운 생명체가 됩니다.

■ 여자의 생식기

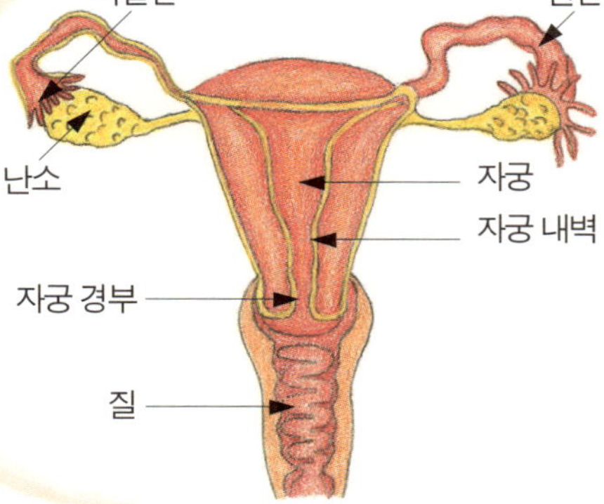

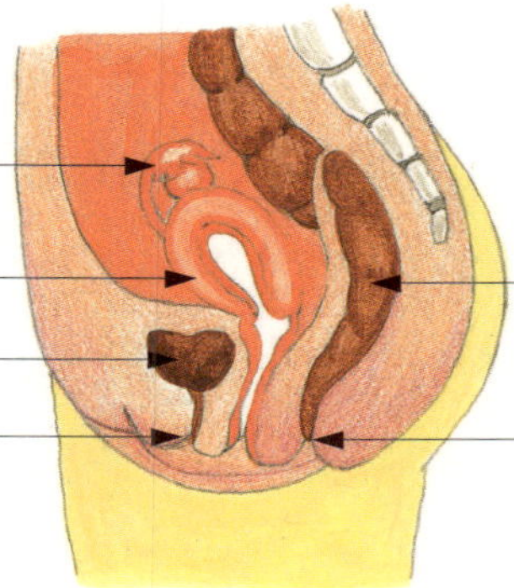

그런데 남자의 정자는 여자의 난관 속으로 어떻게 들어올까요? 남자의 정자는 여자의 생식기 가운데 '질'이라는 곳을 통해 여자의 난관으로 들어옵니다. 질을 통해 들어온 정자는 난관에서 난자와 만나 '수정란'이 되어 자궁으로 이동합니다. 자궁은 열 달 동안 아기가 자라는 곳이어서 잘 늘어나는 근육으로 되어 있습니다. 아기가 없을 때 자궁은 주먹보다 작은 가로 4㎝ 세로 6㎝ 정도의 크기인데, 아기가 생겨서 자라면 아기의 성장을 따라 같이 커집니다. 아기가 태어날 때가 되면 여자의 자궁은 아주 커져 아기가 없을 때보다 500~1,000배 정도 늘어납니다.

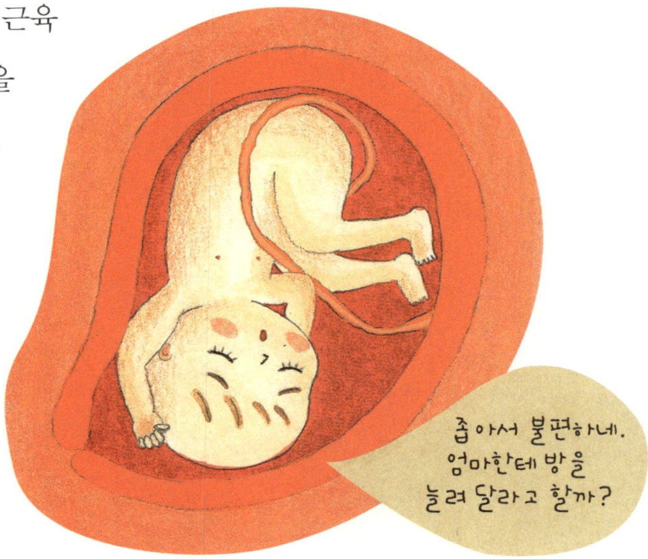

좁아서 불편하네.
엄마한테 방을
늘려 달라고 할까?

남자와 여자의 2차 성징

앞에서 남자와 여자의 생식기 구조에 대해 알아보았습니다. 남자와 여자의 생식기는 사춘기가 되면 태어날 때의 모습과는 조금 다르게 변합니다. 여자는 생식기가 몸속에 있기 때문에 생식기 변화가 눈에 띄게 나타나지는 않습니다. 하지만 몸의 변화는 뚜렷합니다. 가슴이 커지고, 허리가 잘록하게 들어가며 월경을 하는 등의 변화가 일어납니다. 남자는 생식기가 더 커지고, 근육이 발달하며 수염이 나기 시작합니다.

사춘기에 일어나는 이러한 변화를 '2차 성징'이라고 부릅니다. 2차 성징은 어린이의 몸에서 어른의 몸으로 되어 가는 과정이라고 할 수 있습니다.

이때는 나보다 빠르게 변하는 친구들의 모습을 보며, '나는 왜 저 친구들처럼 변하지 않지?'라고 생각할 수 있습니다. 하지만 친구가 나보다 앞서 어른의 모습으로 변한다고 해도 부러워하거나 조바심을 낼 필요는 없습니다. 사람마다 호르몬의 양이나 분비되는 시기가 조금씩 다르므로 다른 친구와의 차이를 자연스럽게 받아들여야 합니다.

TIP 요건 몰랐지?

포경 수술

방학이 되면 남학생들은 가끔 고래를 잡으러 바다가 아닌 병원으로 갑니다. 포경 수술을 하기 위해서입니다. 음경의 끝이 껍질에 싸여 있는 것을 뜻하는 '포경(包莖)'이라는 말의 한자음과 고래를 잡는다는 뜻인 '포경(捕鯨)'이라는 말의 한자음이 같아서 이러한 농담이 생겼습니다.

포경 수술은 음경의 끝 부분에 덮인 껍질을 잘라 내는 수술입니다. 껍질이 음경을 감싸고 있으면 세균에 감염이 되는 경우가 많아서 수술이 필요합니다.

그런데 모든 남자가 포경 수술을 해야 할 필요는 없습니다. 음경이 어느 정도 성숙하면 손으로 표피를 잡아당겨 벗겨지는 경우도 있으니까요. 포경 수술은 필수 사항이 아닌 선택 사항이므로 의사 선생님과 꼭 상의하고 결정해야 합니다.

TIP 요건 몰랐지?

브래지어 고르는 법

속옷 가게에 가면 속옷 치수를 물어봅니다. 하지만 처음 브래지어를 산다면 치수를 어떻게 대답해야 할지 몰라 당황할 수 있습니다. 브래지어의 치수는 보통 앞에 숫자가 붙고 뒤에 알파벳이 붙습니다. 앞에 붙는 숫자는 밑가슴둘레를 뜻하고, 뒤에 붙는 숫자는 윗가슴둘레를 의미합니다. 윗가슴둘레는 가슴에서 가장 튀어나온 부분인 유두를 지나 수평으로 둘러서 잰 길이를 말하고, 밑가슴둘레는 젖가슴 바로 밑의 가슴둘레를 수평으로 둘러서 잰 길이입니다.

밑가슴둘레는 측정한 길이가 그대로 치수가 됩니다. 윗가슴둘레 치수는 밑가슴둘레와의 차이로 정해집니다. 윗가슴둘레와 밑가슴둘레의 차이가 5.5㎝에서 7.5㎝ 사이면 A컵, 7.5㎝에서 10㎝ 사이면 B컵이 됩니다. 만약에 윗가슴둘레가 86㎝, 밑가슴둘레가 80㎝이면 80A 사이즈를 입으면 됩니다.

월경

여자는 사춘기를 겪고 나면 한 달에 한 번씩 엄마가 될 준비를 합니다. 결혼을 한다는 뜻이 아니라, 몸속에서 준비를 한다는 의미입니다. 지금부터 여자의 몸이 어떻게 엄마가 될 준비를 하는지 알아볼까요?

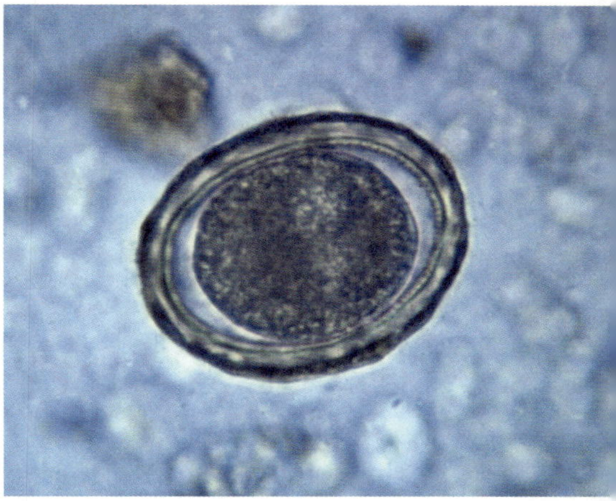

수정란은 정자와 난자가 난관에서 만나 만들어진 세포이다.

여자의 난소에서는 한 달에 한 번씩 한 개의 난자를 내보냅니다. 이렇게 만들어진 여자의 난자와 남자의 정자가 여자의 난관에서 만나면 수정란이라는 작은 세포가 만들어집니다. 수정란은 자궁벽에 붙어서 필요한 양분을 엄마에게 받으며 점점 아기로 자라게 됩니다. 이때 자궁이 튼튼하지 못하면 수정란이 자궁벽에 잘 붙어 있을 수 없습니다. 그래서 배란이 일어나기 전부터 자궁벽은 평소보다 두껍고 튼튼하게 변합니다. 배란된 난자는 하루 정도 살 수 있기 때문에 배란된 후 24시간 안에 정자를 만나지 못하면 죽게 됩니다.

배란

여자의 난소에서 성숙한 난자가 배출되는 일을 말합니다. 배란된 난자는 난관을 통하여 자궁 쪽으로 이동합니다. 사람은 보통 4주에 한 번씩 배란이 일어납니다.

■ 자궁벽의 두께

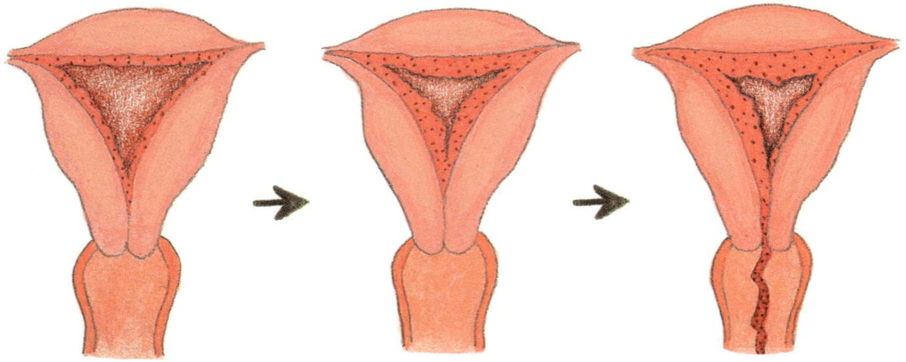

배란 전에 자궁벽이 두꺼워진다.

난자가 배란되면 자궁벽은 더욱 두꺼워진다.

난자가 정자와 만나지 못하면 자궁벽은 허물어져 몸 밖으로 흘러나온다.

그런데 자궁벽이 두꺼워진 다음에 수정란이 만들어지지 않는다면 자궁벽은 계속 두꺼워져 있을 필요가 없습니다. 쓸모가 없어진 두꺼운 자궁벽은 혈액과 함께 허물어져서 몸 밖으로 흘러나옵니다. 이러한 현상을 월경 또는 생리라고 합니다.

여성이 월경을 시작했다는 사실은 매우 축하받을 일입니다. 진짜 어른이 되어 간다는 의미이고, 아기를 낳을 수 있는 성인이 되어 간다는 의미니까요. 그래서 월경을 시작하면 가족과 친구들이 축하를 해 주고 파티를 열어 주기도 합니다.

여자들은 월경할 때에 매우 예민해집니다. 평상시보다 더 청결해야 하고, 신경을 많이 써야 해서 예민하게 변하는 사람이 많습니다. 게다가 몸이 아파서 괴로워하기도 합니다. 월경을 할 때 배나 허리가 아픈 증상을 생리통이라고 부릅니다. 생리통이 생기는 이유는 임신을 준비하기 위해서 자궁 근육이 두꺼워지며 늘어났다가 다시 원래대로 줄어들기 때문입니다.

TIP 요건 몰랐지?

월경할 때 지켜야 할 일

월경(생리)을 할 때에는 여자의 생식기가 민감해지기 때문에 생식기를 청결하게 해야 합니다. 생리대를 너무 오랫동안 갈지 않으면, 냄새가 날 뿐만 아니라 세균이 번식할 수 있기 때문에 자주 갈아야 합니다. 그리고 생리대를 갈고 나서는 항상 비누로 손을 깨끗이 씻어야 합니다.

생리 혈의 양이 많은 시기에는 옷 밖으로 새어 나갈 수 있기 때문에, 흰색 바지처럼 색이 너무 밝은 옷은 피하는 것이 좋습니다. 생리 혈이 옷에 묻으면 미지근한 물로 비누칠을 하여 비벼 빨면 깨끗해집니다. 너무 뜨거운 물에 담그면 혈액이 응고되어 굳어질 수도 있으니 주의해야 합니다. 또, 사람이 많은 곳은 병균 감염의 위험이 높기 때문에 월경 중에는 수영장이나 대중목욕탕에는 되도록 가지 않는 것이 좋습니다.

몽정

사춘기가 시작되면 여자는 월경을 합니다. 여자가 월경을 하는 것은 엄마가 되기 위한 변화라고 할 수 있지요. 이러한 몸의 변화는 여자에게만 나타나는 것은 아닙니다. 남자는 아빠가 되기 위해서 어떤 변화를 겪을까요?

여자는 호르몬의 영향으로 주기적으로 월경을 하지만, 남자는 시시때때로 몸에 변화가 나타납니다. 여자의 난소에서는 한 달에 난자가 한 개씩 나오지만, 남자의 정소에서는 매일 수많은 정자가 만들어집니다. 하루에 만들어지는 정자는 약 1억 개 정도입니다. 매일 만들어지는 수많은 정자는 몸 밖으로 나갈 기회를 엿보고 있습니다.

남자는 사춘기에 잠을 자다가 정액과 함께 정자가 몸 밖으로 빠져나가는 현상을 처음 경험합니다. 이러한 현상을 '몽정'이라고 불러요. 약 20% 정도의 남학생이 열세 살쯤에 처음 몽정을 경험하고, 열다섯 살이 되면 거의 대부분 몽정을 경험합니다. 한 번의 몽정으로 몸 밖으로 나가는 정액의 양은 약 3~4*ml* 정도이고, 그 안에는 3억~5억 개의 정자가 들어 있습니다.

그런데 몽정에 대해서 잘 모르는

학생들은 남자 대부분이 몽정을 겪는다는 사실을 모르고 혼자 고민하기도 합니다. 죄책감을 느끼기도 하고, 병에 걸린 줄 착각하고 걱정하기도 합니다. 하지만 걱정할 필요가 없습니다. 가득 찬 그릇에 물을 담으면 넘치는 것처럼 몽정은 정소에 가득 찬 정액을 밖으로 내보내려는 방법입니다. 그리고 생식기관이 성숙했다는 의미이기 때문에 여자의 월경과 마찬가지로 축하받고 기뻐해야 할 일이지 혼자서 고민해야 하는 일이 아닙니다. 몽정을 경험했다는 사실은 어른이 되어 간다는 의미이고, 아빠가 되기 위해서 몸이 변화하고 있다는 뜻입니다.

Q&A 꼭 알고 넘어가자!

문제 1 남자의 생식기는 어떤 구조로 되어 있으며, 각 기관이 하는 역할은 무엇인가요?

문제 2 여자의 생식기는 어떤 구조로 되어 있으며, 각 기관이 하는 역할은 무엇인가요?

3. 정자와 난자가 만나면 수정란이 만들어집니다. 수정란은 자궁에 잘 달라붙어서 엄마에게 필요한 양분을 받으며 정상적인 아기로 자라게 됩니다. 자궁이 튼튼하지 못하면 수정란이 자궁벽에 잘 붙어 있을 수 없기 때문에 배란이 일어나기 전에 자궁벽은 두껍고 튼튼하게 변합니다. 그런데 자궁벽이 두꺼워진 다음에 수정란이 만들어지지 않는다면 자궁벽은 계속 두꺼워져 있을 필요가 없습니다. 쓸모가 없어진 두꺼운 자궁벽은 혈액과 함께 허물어져서 몸 밖으로 흘러나옵니다. 이러한 현상이 바로 월경입니다.

4. 남자는 사춘기에 몽정을 겪습니다. 몽정은 잠을 자다가 정액과 함께 정자가 몸 밖으로 빠져나가는 현상입니다.

문제 3 사춘기 이후 여성은 한 달에 한 번씩 월경을 합니다. 월경은 어떤 과정으로 일어날까요?

문제 4 여성의 월경처럼 남자가 사춘기에 겪는 가장 대표적인 변화는 무엇인가요?

정답

1. 남자에게는 음경이 있고 그 뒤에 주머니가 하나 있습니다. 이 주머니를 음낭이라고 합니다. 음낭 안에는 정소가 두 개 있습니다. 정소는 정자와 남성호르몬인 테스토스테론을 만듭니다. 정소에서 만들어진 정자는 정관을 따라 전립선으로 이동합니다. 전립선에서는 알칼리성 분비물이 나와 정자의 운동을 활발하게 합니다.

2. 여자에게는 난소가 있습니다. 난소는 여성호르몬을 분비하고 난자를 만듭니다. 난소와 자궁은 난관으로 연결되어 있습니다. 난관은 여성의 난자와 남성의 정자가 만나는 곳이고, 자궁은 아이가 자라는 곳입니다.

관련 교과

초등 3학년 1학기 3. 동물의 한살이
중학교 1학년 4. 생물의 구성과 다양성
중학교 3학년 1. 생식과 발생, 8. 유전과 진화

2. 신비한 생명의 탄생

여러분도 갓난아이를 본 적이 있지요? 갓난아이는 손가락도 조그맣고 발가락도 작아서 매우 신비롭게 느껴집니다. 우리가 태어났을 때 그렇게 작았다는 사실도 잘 믿기지 않고, 엄마 배 속에서 열 달 동안 있었다는 사실도 놀랍기만 합니다. 아기는 어떻게 태어날까요?

배란과 수정

이제부터 우리가 어떻게 태어나는지 알아볼까요? 먼저 여자 몸에서 만들어진 난자와 남자 몸에서 만들어진 정자는 어떤 모습인지 살펴보겠습니다.

편모운동

편모를 물결 모양으로 움직여서 몸을 옮기거나 물을 휘저어 먹이를 빨아들이는 운동을 말합니다. 편모는 세포의 일부가 긴 채찍 모양의 털처럼 변해서 만들어진 세포 기관입니다. 편모는 세균, 균류, 편모충류나 동물의 정자에서 볼 수 있습니다.

정자의 형태

정자는 올챙이를 닮았습니다. 난자가 있는 곳까지 헤엄쳐 가야 해서 끝 부분에 긴 꼬리가 있지요.

■ 정자

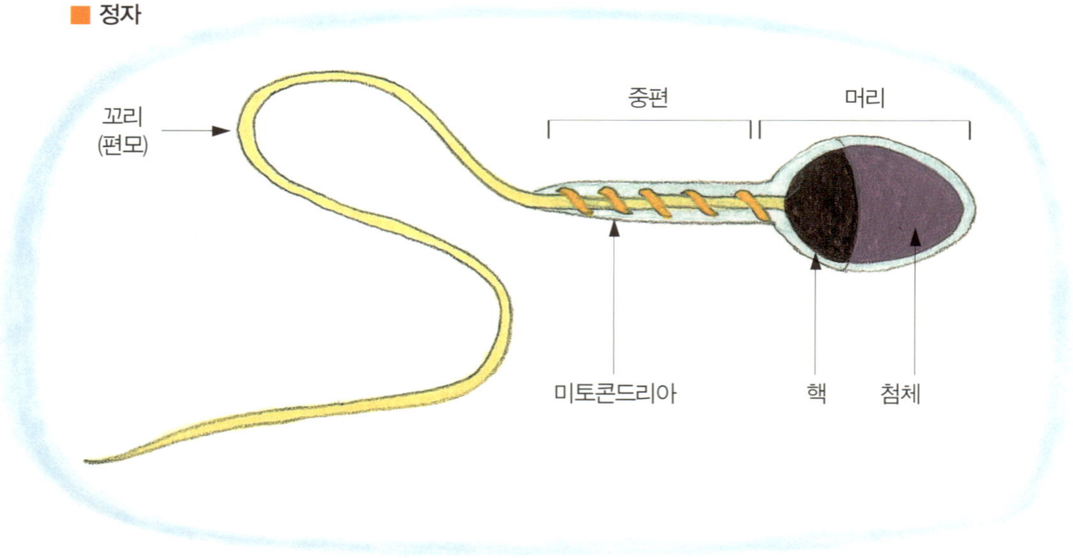

정자는 이 꼬리로 편모운동을 해서 난자에게 다가갑니다. 꼬리와 머리를 잇는 중편에는 꼬리가 힘을 내어 움직일 수 있게 에너지를 만드는 곳이 있습니다. 이곳을 미토콘드리아라고 부릅니다. 미토콘드리아는 주위의 양분을 흡수해 에너지를 만듭니다. 편모는 이동할 때 주로 필요한 부분이고, 정자에서 가장 중요한 곳은 머리 부분입니다. 정자의 머리 부분에는 여러 형질을 결정할 수 있는 유전자가 들어 있습니다. 난자와 만나는 정자가 어떤 유전자를 갖고 있느냐에 따라 아기의 형질이 결정됩니다. 머리의 끝에 있는 첨체는 정자가 난자 속으로 들어갈 때 난자를 둘러싸고 있는 세포막을 녹이는 역할을 합니다. 정자는 한 번 몸 밖으로 배출될 때 약 3억~5억 개 정도가 나옵니다. 하지만 이렇게 많은 양의 정자라도 우리 눈으로 볼 수는 없습니다. 정자는 100개를 길게 늘어놓아도 바늘구멍을 통과할 수 있을 만큼 작아서 눈으로 직접 확인할 수 없습니다.

형질

동식물의 모양, 크기, 성질 등의 고유한 특징을 말합니다. 대개 유전되어 생긴 특징을 형질이라고 합니다. 유전형질이라고도 부르지요.

난자의 형태

난자는 정자보다 몸집이 훨씬 더 큽니다. 난자와 정자가 만나 만들어진 수정란은 하나의 생명체로 변하기 위해서 세포분열을 여러 번 합니다. 원래 수정란은 하나의 세포이지만 세포분열을 수없이 해서 다세포를 가진 사람이 만들어지는 것입니다. 이렇게 여러 번 세포분열을 하기 위해서는 에너지가 필요합니다. 그래서 난자는 세포분열을 하기 위해 미리 영양분을 난자

세포분열

한 개의 세포가 두 개의 세포로 갈라져 세포의 개수가 늘어나는 현상입니다. 세포분열에는 체세포분열과 감수분열의 두 종류가 있습니다.

■ 난자

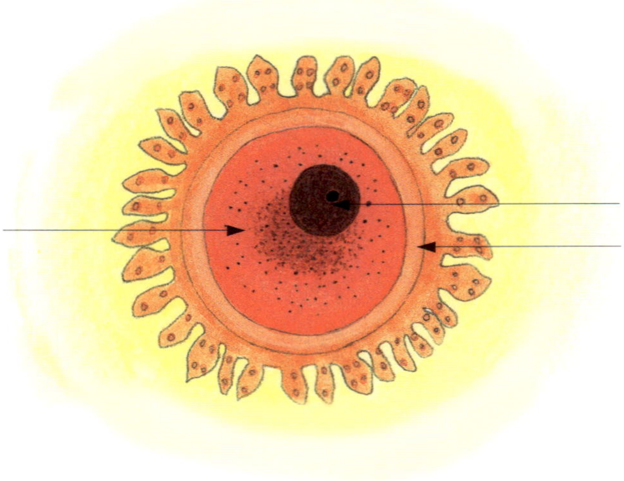

난황

난자의 세포질 안에 있는 영양물질입니다. 난세포가 발달하는 데 필요한 영양소를 포함하고 있습니다.

안에 저장해 놓습니다. 이 부분을 난황이라고 부릅니다. 우리가 자주 먹는 달걀 속 노른자위도 난황입니다. 난자가 정자보다 몸집이 큰 이유는 난황이 차지하는 부피 때문입니다.

배란

아기는 정자와 난자가 만나 생깁니다. 그런데 남자 몸속에서 만들어지는 정자와 여자 몸속에 있는 난자는 어떻게 만날까요? 정자는 여자의 질을 통해 자궁으로 들어갑니다. 하지만 정자가 여자의 몸속으로 들어가더라도 난관에 난자가 없다면, 정자와 난자가 만나지 못하기 때문에 아기가 생길 수 없습니다.

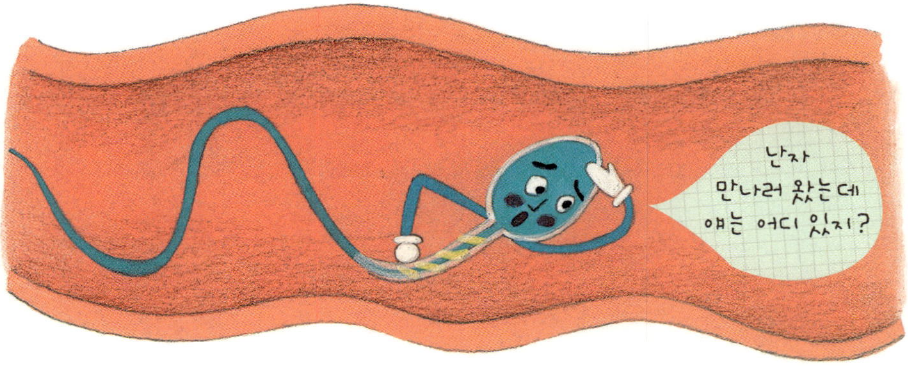

여자는 난자를 난관으로 배출해서 정자와 만날 수 있는 시기에만 임신할 수 있습니다. 난자가 배출되는 것을 배란이라고 하고, 배출되는 시기를 배란기라고 합니다. 배란기에 정자가 여자 몸속에 들어와야 아이를 가질 수 있습니다.

임신할 수 있는 시기를 알아보는 일은 어렵지 않습니다. 월경이 시작하는 날을 꼼꼼히 기록해 두면 예상할 수 있습니다. 월경을 시작하는 날부터 다음 월경 시작 전날까지의 기간을 월경주기라고 합니다. 대부분의 여자는 월경주기가 28일에서 30일 정도입니다. 그렇지만 자신의 월경 날짜가 이 기준과 다르다고 걱정할 필요는 없습니다. 월경주기가 30일보다 길거나 28일보다 짧은 사람도 있고, 스트레스를 받거나 몸이 힘들 때는 월경주기가 바뀌기도 하니까요. 이렇게 여자마다 조금씩 다른 월경주기는 난자가 배출되는 배란과 직접 관련이 있습니다. 월경주기가 28일인 사람은 월경을 하고 14일째 되는 날에 배란이 됩니다. 주기가 28일이 아닌 사람도 다음 월경이 시작될 예정일을 알면 배란일을 계산할 수 있습니다. 다음 월경 시작 예정일의 14일 전이 배란일입니다.

배란일 전후로 2~3일 동안에도 임신이 될 수 있습니다. 그 이유는 정자

■ 월경주기가 28일인 여성의 배란일

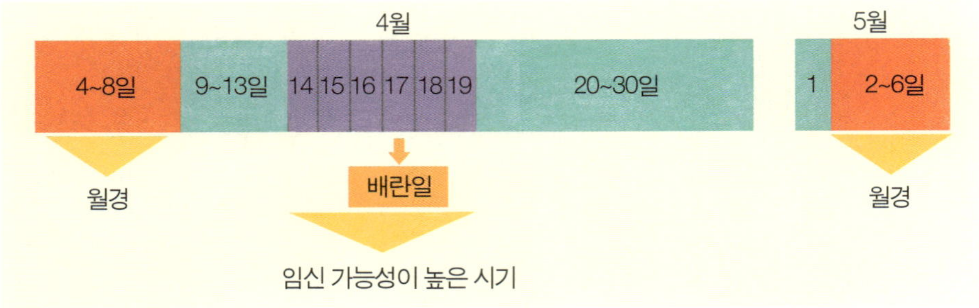

가 몸속에서 3일 정도 살 수 있고, 난자도 하루 정도 살 수 있기 때문입니다. 배란이 되기 전에 여자의 몸속에 들어온 정자가 여자 몸 안에 하루나 이틀 정도 있다가 난소에서 배출된 난자를 만나면 임신이 됩니다. 또 여자의 난자도 하루나 이틀 정도는 몸속에 살아 있어서 배란일 후에 몸속으로 들어온 정자와 만날 수도 있습니다. 정자와 난자가 몸속에 살아있는 기간을 생각하면 배란일 전후로 2~3일, 총 5일 정도가 임신할 수 있는 기간입니다. 하지만 이런 수치는 월경주기가 매우 정확한 사람에게만 적용됩니다. 또, 월경주기가 아무리 정확하다고 해도 주위 환경이나 몸 상태에 따라 임신할 수 있는 시기는 달라질 수 있기 때문에 월경을 시작한 여자라면 언제든지 임신을 할 수 있다는 사실을 잊지 말아야 합니다.

수정

정자가 여자의 몸 안에서 난자와 만나는 것을 수정된다고 표현합니다. 남자가 한 번 사정할 때 몸 밖으로 분출하는 정자는 약 3억~5억 개에 이를 정도로 매우 많습니다. 배출되는 정자의 수는 사람마다 조금씩 다릅니다. 그런데 이렇게 많은 정자 중에서 자궁을 거쳐 난관까지 헤엄쳐 갈 수 있는

정자는 100개 정도뿐입니다. 그리고 100개의 정자 중에서도 딱 한 개만 여자의 난자와 결합할 수 있습니다. 우리는 이렇게 치열한 경쟁을 뚫고 태어나는 것입니다.

난자와 정자가 만나서 만들어진 수정란이 아기로 제대로 자라기 위해서는 난관에서 자궁 쪽으로 이동해야 합니다. 자궁으로 움직인 후에는 엄마에게서 양분을 공급받기 위한 공간을 만듭니다. 이때 수정란은 자궁벽에 잘 달라붙어 있어야 하는데, 이렇게 수정란이 자궁벽에 달라붙는 현상을 착상이라고 합니다. 아무리 수정이 잘 되었다고 해도 착상이 되지 않으면 성공적인 임신이라 말할 수 없습니다. 착상이 되고 엄마 배 속에서 잘 클 수 있는 공간을 확보해야 성공적인 임신이라고 할 수 있습니다.

TIP 요건 몰랐지?

엄마 배 속에 아기가 생겼어요

임신한 지 4개월이 지나면 입덧이 사라지고 배가 부르기 시작한다.

엄마 배 속에 아기가 생기면, 엄마에게는 많은 변화가 일어납니다. 먼저 매달 하던 월경 현상이 사라지지요. 임신을 준비하기 위해 자궁벽을 두껍게 만들었다가 임신이 되지 않으면 자궁 외벽이 혈액과 함께 떨어져 나오는 현상이 월경인데, 임신을 하면 자궁벽을 두껍게 계속 유지해야 하기 때문에 월경을 하지 않습니다.

임신 초기에는 입덧을 하게 됩니다. 입덧은 아기가 자랄 수 있는 환경을 만들기 위해 분비되는 호르몬 때문에 생기는 증세입니다. 입덧을 시작하면 음식 냄새를 싫어하게 될 뿐만 아니라 평소에 잘 먹던 음식도 싫어하게 됩니다. 또, 반대로 좋아하지 않던 음식을 몹시 먹고 싶어 하기도 합니다. 게다가 입덧이 심하면 먹은 음식을 토하기까지 해서 매우 괴롭습니다. 이런 현상은 대개 임신 4개월 정도가 되어 태반이 완성되면 사라집니다. 입덧하는 시기가 지나면 엄마의 배는 조금씩 불러오기 시작하고 입맛도 좋아지게 됩니다.

태아의 성장과 출산

태아의 성장

아기는 엄마 배 속에서 열 달 동안 양분을 공급받으며 자랍니다. 엄마 배 속에 있는 아기는 보통 태아라고 부르지만, 아기가 생긴 지 8주가 되지 않았을 때는 태아라고 말하지 않고, 배아라고 말합니다. 8주가 지나지 않은 아기는 아직 사람의 형태를 갖추고 있지 않기 때문이지요. 배아 시기에는 심장과 뇌와 같은 중요한 기관이 모두 형성됩니다. 이 시기에는 월경주기가 정확하지 않고, 임신의 특별한 징후를 느끼지 못한다면 임신 사실을 모를 수도 있습니다. 그런데 만약 배아 시기에 임신 사실을 몰라 임신부가 술을 마시거나 감기약을 먹는다면 큰 문제가 일어날 수 있습니다. 엄마가 먹는 음식이 모두 배아에게 전달되기 때문입니다. 특히 임신 초기인 8주 동안은 아기의 중요한 기관이 형성되는 시기이기 때문에 엄마가 섭취한 카페인이나 알코올이 아기의 기관 형성을 막아 기형아가 생기는 확률이 다른 시기

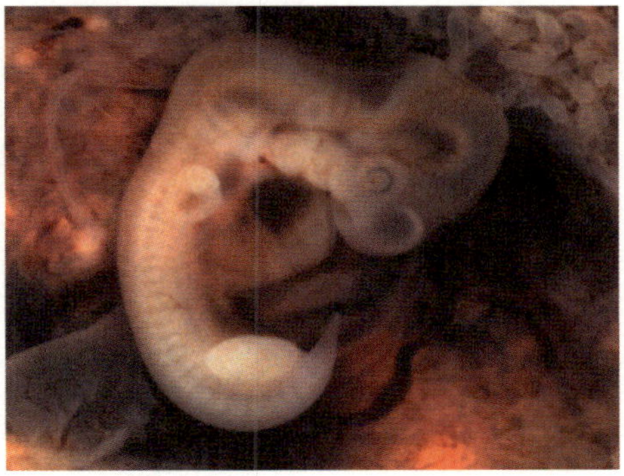

7주가 지난 배아.

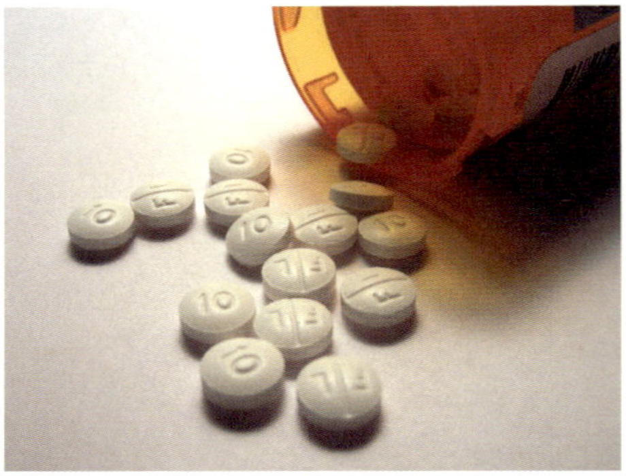

임신 가능성이 있다면 약을 먹을 때 항상 주의해야 한다. ⓒ Tom Varco@the Wikimedia Commons

보다 높습니다. 그래서 임신할 가능성이 있다면 약을 먹을 때 항상 주의해야 합니다.

임신한 지 8주가 지나고 3개월째로 접어들면 아기에게 손가락과 발가락이 생기기 시작합니다. 위나 장과 같은 소화기관도 생기고 눈꺼풀과 입술도 생깁니다. 4개월이 되면 태반이 완성됩니다. 태반이란 아기가 안전하게 자랄 수 있도록 도와주는 보호 장치이며, 엄마에게 양분을 공급받는 곳입니다. 보호 장치가 완전히 갖추어졌다는 것은 아기가 정상적으로 태어날 수 있다는 좋은 신호입니다. 그 이전에

유산

임신 7개월 이전에 태아가 죽어서 몸 밖으로 빠져나가는 현상을 말합니다. 엄마가 더 이상 임신을 유지할 수 없거나 아기가 정상적으로 건강하지 못한 경우에 유산이 일어납니다.

■ **태아의 성장**

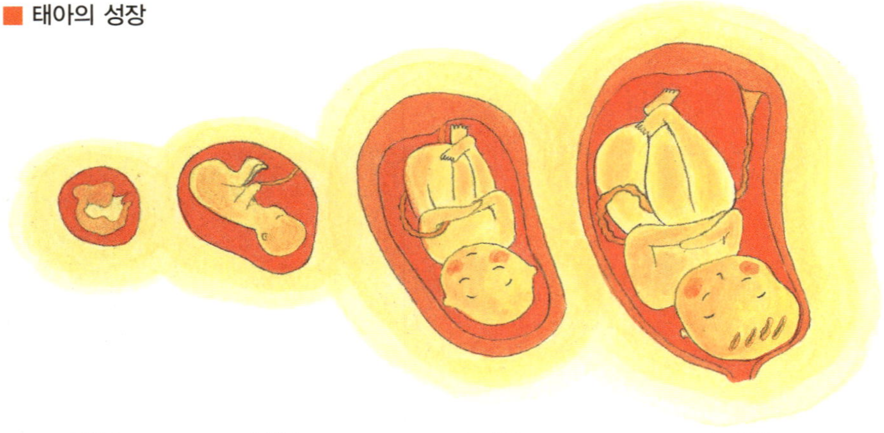

1개월	4개월	7개월	10개월
각 기관이 나뉘어지고 점점 자라기 시작한다.	태반이 완성된다.	뇌가 자라서 몸의 기능을 조절할 수 있다.	피부가 부드러워지고 머리카락이 자란다.

는 이런 보호 장치가 없기 때문에 유산할 위험이 높습니다. 그래서 임신부는 몸에 무리가 가지 않게 항상 주의해야 합니다. 또 이 시기가 되면 생식기가 완성되기 때문에 초음파를 통해서 여자인지, 남자인지 아기의 성을 구별할 수 있습니다. 성을 구별할 수 있는 시기는 4개월째이지만 성은 난자와 정자가 만나 수정될 때 이미 결정됩니다.

6개월 정도가 되면 태아는 엄마 배 속에서 발길질을 시작합니다. 세상으로 나올 준비가 어느 정도 되어 있다는 뜻이지요. 또한 배 속 공간이 좁고 답답하다고 엄마에게 보내는 신호이기도 해요.

태아는 보통 엄마 배 속에서 10개월을 보내고 태어나지만, 가끔 다른 아기들과 다르게 먼저 태어나는 아기도 있습니다. 7개월 정도 배 속에서 자란 뒤 태어나면 생명에는 지장이 없더라도 정상적으로 태어난 아기보다 건강하지 못합니다. 또 자칫 잘못하면 생명이 위험할 수도 있습니다. 그래서 일찍 태어난 아기는 엄마의 배 속 환경과 거의 똑같은 곳에서 건강해질 때까지 자라야 합니다. 병원 신생아실에 가면 투명한 통 안에 작은 아기들이 누워 있는 모습을 볼 수 있습니다. 이 투명한 통이 일찍 태어난 아기들이 처음에 자라는 곳입니다. 인큐베이터라고 하고, 보육기라고도 부릅니다. 일찍 태어나 몸무게가 2kg이 되지 않는 아기는 인큐베이터에서 자랍니다. 또한, 호흡 장애 등의 이상 증세를 보이는 아기도 인큐베이터

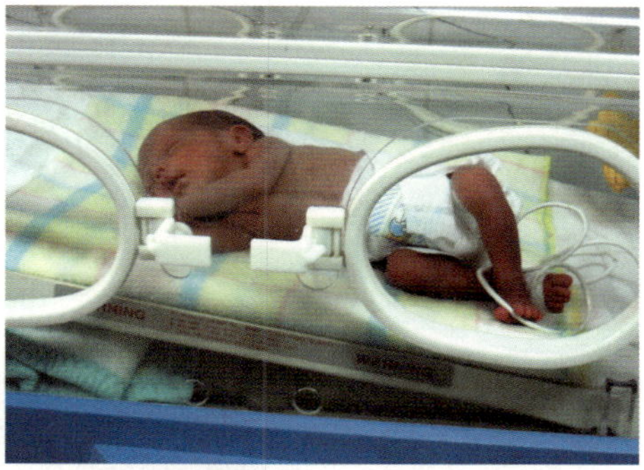

10개월을 다 채우지 못하고 태어난 아기는 자궁 환경과 비슷한 인큐베이터에서 건강해질 때까지 자라야 한다. ⓒ César Rincón@flickr.com

에서 자랍니다. 인큐베이터는 온도, 습도, 산소 공급량 등이 자동으로 조절되며 투명해서 아기가 있는 내부를 볼 수 있게 되어 있습니다.

출산

엄마 배 속에서 무럭무럭 건강하게 자란 아기는 열 달이 지나면 세상에 나가고 싶다는 신호를 엄마에게 보냅니다. 신호를 받은 엄마는 많이 힘들어집니다. 아기가 엄마의 배 속에서 밖으로 나오려면 늘어난 공간을 줄여서 밀려 나와야 하기 때문이에요. 풍선보다 훨씬 많이 늘어나 있던 엄마의 자궁이 아기를 밀어낼 만큼 작아져야 하니까 엄마는 무척 아플 수밖에 없습니다.

아기는 엄마 배 속에서 나올 때 반드시 머리부터 나와야 합니다. 만약 그렇지 않고 다리부터 나오게 되면 나오면서 다리와 팔이 엄마 골반 뼈에 걸

자궁이 아이를 밀어낼 만큼 작아져야 아기가 태어날 수 있다.

려 아기의 생명이 위험해질 수도 있습니다. 만약 아기가 엄마 배 속에서 머리를 아래로 향해 거꾸로 있지 않고 똑바로 서 있다면 다른 방법으로 아기를 낳아야 합니다. 엄마한테 한번 "엄마, 나는 수술해서 낳았어요, 아니면 자연분만하셨어요?" 라고 여쭈어 보세요. 자연분만은 아기가 스스로 밀려 나오기를 기다렸다가 출산하는 방법이고, 수술은 자연분만을 할 수 없을 때, 의사가 아기를 꺼내는 방법입니다. 이 수술을 제왕절개수술이라고 합니다. 만약 태어날 때가 다 되었는데도 아기 머리가 아래로 내려가지 않고 위쪽을 향해 있다면 제왕절개수술을 해서 아기를 낳아야 합니다.

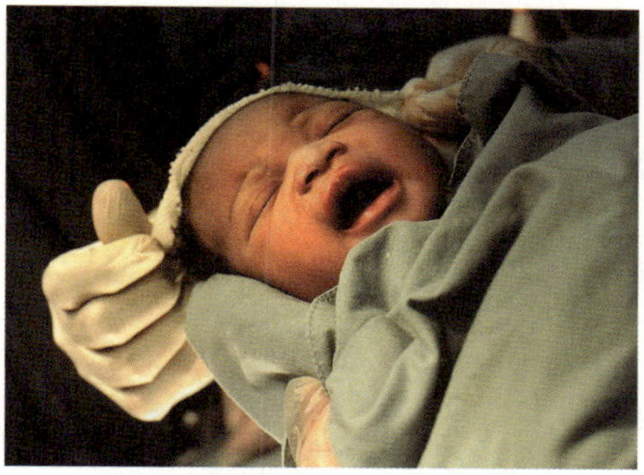

아기는 자연분만과 제왕절개수술 중 한 가지 방법으로 태어난다.

아기는 어디로 나올까요? 앞에서 여자의 생식 구조에 대해 공부한 내용을 떠올려 보세요. 자궁과 이어지는 '질'이라는 곳을 배웠지요. 질은 정자가 난관으로 가는 길이기도 하지만 자궁에서 자란 아기가 세상으로 나오는 길이기도 합니다.

TIP 요건 몰랐지?

태아 알코올 증후군

임신부가 오랫동안 술을 마시면 아기가 기형으로 태어날 수 있습니다. 엄마가 먹은 모든 음식은 배 속 아기에게 전달되기 때문에 엄마가 섭취한 알코올 역시 아이에게 전해집니다.

성인인 엄마의 몸은 알코올을 분해할 수 있는 능력이 있지만, 아기는 알코올을 분해할 수 있는 능력이 없습니다. 그래서 아기 몸속에는 알코올이 계속 쌓이게 됩니다. 게다가 알코올은 입자가 작아서 태반을 쉽게 통과하기 때문에 아기의 알코올 수치가 엄마랑 같아지게 됩니다. 그렇게 되면 아기에게 태아 알코올 증후군이라는 기형이 발생합니다. 얼굴 모양이 납작해지고, 윗입술이 얇아지고, 정신 장애를 일으킬 수도 있습니다. 또한 미간이 짧아지고 눈이 작아집니다. 태어난 뒤에는 성장이 느리고 팔다리와 관절에 이상이 생깁니다. 학습 장애, 심장 질병, 외부 생식선과 귓불 기형 등의 특징도 나타납니다. 이 밖에 섬세하게 움직이거나 크게 움직이는 능력이 부족하고, 근력이 약하고 떨림증이 나타나며, 사회성이 떨어지고 판단력을 잃는 등의 행동 장애가 나타나기도 합니다.

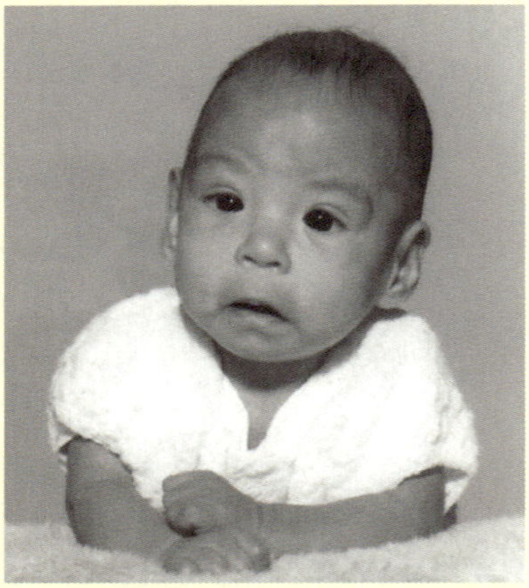
태아 알코올 증후군에 걸린 아이는 윗입술이 얇아진다. © Teresa Kellerman@the Wikimedia Commons

태아 알코올 증후군은 엄마의 영양 상태가 좋지 않거나, 스트레스가 심할 때, 그리고 담배를 피우면서 술을 마신 경우에 발생률이 더 높아집니다. 또 임신 초기의 음주는 태아에게 더 심각한 영향을 준다고 합니다.

TIP 요건 몰랐지?

엉덩이가 크면 아기를 잘 낳을까요?

옛날에는 결혼할 때 본인의 생각보다 부모님의 결정이 중요했습니다. 그래서 연세가 아주 많으신 할머니 중에는 할아버지를 결혼하는 날 처음 봤다고 하시는 분도 계시지요. 그러면 옛날 어른들은 며느릿감을 고를 때 무엇을 가장 중요하게 생각했을까요? 대개 엉덩이가 크고 어깨가 둥근 여자를 좋아했습니다. 엉덩이가 크면 아기를 잘 낳는다고 생각했기 때문입니다. 예전에는 가문의 대를 잇는 일이 며느리가 해야 될 가장 중요한 일이라고 생각했습니다. 그러면 엉덩이가 크면 아이를 잘 낳는다는 말은 과학적으로 옳은 말일까요?

골반이 크고 벌어져 있으면 아이를 낳기 쉽다는 말은 사실입니다. 하지만 엉덩이가 크다고 골반 뼈가 넓지는 않습니다. 그러니 엉덩이가 크다고 무조건 아기를 잘 낳을 수 있다는 생각은 틀린 생각이지요. 아주 마른 체형의 여자라도 골반이 벌어져 있으면 아기를 잘 낳을 수 있습니다.

옛날 사람들은 골반 뼈 사이가 좁으면 아기가 나오기 힘들겠다고 생각해서 엉덩이가 큰 여자를 며느릿감으로 좋아했습니다. 엉덩이가 크면 당연히 골반 뼈가 넓을 것이라고 생각한 거지요.

임신과 호르몬

여자는 난자가 성숙하고, 수정이 되고, 아기가 태어나는 과정을 겪어야 하기 때문에 몸에 호르몬 변화가 주기적으로 나타납니다. 남자는 여자처럼 한 달을 주기로 호르몬 변화가 생기지 않고 꾸준하게 같은 호르몬이 분비됩니다. 여자는 호르몬 변화가 심해서 호르몬의 변화에 따라 입맛과 성격도 조금씩 달라집니다.

남자는 사춘기 뒤에 꾸준하게 같은 호르몬이 분비되어 수염이 계속 난다.

사춘기가 된 이후 여자의 몸에서는 네 가지 성호르몬이 활발히 분비됩니다. 이 네 가지 호르몬 가운데 두 가지는 뇌에 있는 뇌하수체라는 곳에서 만들어집니다. 뇌하수체에서 만드는 호르몬은 직접적으로 난자를 만들지는 않지만, 때에 맞추어 난소를 자극하는 역할을 합니다. 난소에서 만들어지는 나머지 두 가지 호르몬은 임신과 출산에 직접 관여를 합니다. 이 네 가지 호르몬은 혼자서 행동하지 않고 서로 조절하며 분비됩니다.

뇌하수체

척추동물의 대뇌와 중간뇌 사이에 가느다란 줄기로 연결된 콩알만 한 샘을 말합니다. 호르몬의 분비와 조절에 중요한 역할을 합니다. 시신경 아래쪽에 있어서 뇌하수체에 종양이 생기면 시력이 심각하게 떨어지기도 합니다. 앞쪽에서는 여러 가지 호르몬을 분비하고, 뒤쪽에서는 시상 하부에서 만든 신경호르몬을 받아 분비합니다.

먼저 뇌하수체가 여포자극호르몬(FSH)을 분비하면 난소 안에 있는 여포가 자극을 받아 난소에서 에스트로겐을 분비합니다. 에스트로겐이 분비되면 자궁벽이 서서히 두꺼워집니다. 자궁벽이 두꺼워지면 이제 배란이 될 차례입니다. 여자의 몸은 호르몬을 조절해 배란이 일어나게 합니다. 뇌하수체에서 배란을 유도하는 황체형성호르몬(LH)을 분비하면 에스트로겐의 분비량은 줄어듭니다. 그리고 배란이 되지요. 배란이 된 직후에는 임신이 되었을 수도 있으므로 자궁벽을 계속 두껍게 유지시키는 호르몬이 분비됩니다. 난소에서 나오는 프로게스테론이 이 역할을 합니다. 프로게스테론은 자궁벽을 계속 두껍게 유지시키고 있다가 수정이 되지 않으면 양이 줄어듭니다. 프로게스테론의 양이 줄어들면 두꺼워졌던 자궁벽이 허물어져 혈액과 함께 몸 밖으로 나오는 월경이 일어납니다. 이렇게 모든 과정이 끝나면 뇌하수체에서 다시 다음 배란을 준비합니다. 여자의 몸은 임신을 위해 항상 이렇게 호르몬을 조절합니다.

자궁벽이 두꺼워진 상태에서 배란이 된 후에 임신이 된다면 호르몬은 어

■ 호르몬과 자궁

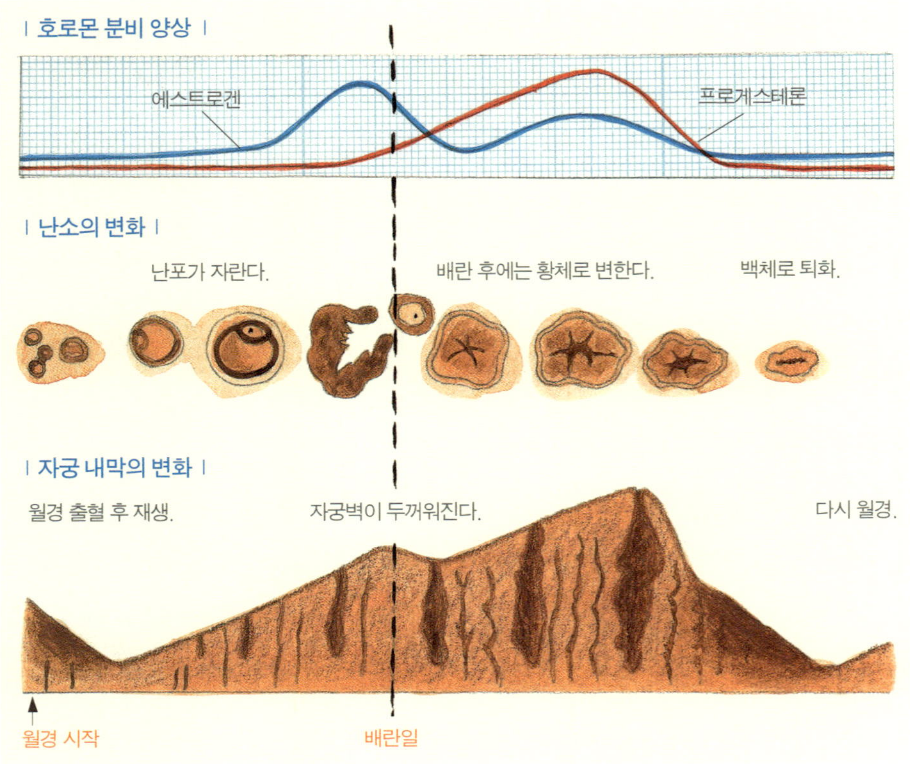

떻게 분비될까요? 자궁벽이 계속 두껍게 유지되어야 아기가 자리를 잡을 수 있기 때문에 프로게스테론의 양이 줄어들지 않고 계속 유지됩니다. 또 아기가 생기면 뇌하수체뿐만 아니라 수정란이 착상된 곳의 세포막에서 아주 중요한 호르몬이 분비됩니다. 이 호르몬을 '인간 융모성 생식선 자극 호르몬(HCG)'이라고 합니다. 이 호르몬을 이용하면 병원에 가지 않고 집에서도 간단한 기구를 통해서 임신 여부를 알 수 있습니다. 인간 융모성 생식선 자극 호르몬은 임신 초기에 태반을 만들 때에만 분비되는 호르몬인데, 소변으로 조금씩 배출됩니다. 그래서 소변을 통해 몸에서 태반이 만들어지는지 알 수 있어요. 인간 융모성 생식선 자극 호르몬은 태반이 완성되는 4개월 정도가 되면 분비가 멈추지만, 임신을 유지하기 위한 호르몬인 프로게스테론은 출산 전까지 계속 분비됩니다.

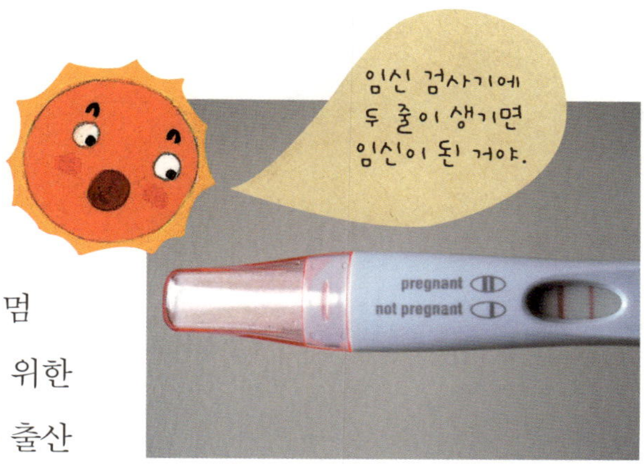

임신 검사기는 소변으로 배출되는 인간 융모성 생식선 자극 호르몬을 통해 임신 여부를 검사하는 기구이다. ⓒ Daniel Lobo(Daquella manera@flickr.com)

임신한 지 열 달이 지나면 아기를 낳아야 합니다. 아기를 낳을 때도 호르몬의 영향을 받습니다. 아기가 나올 시기가 되면 자궁을 수축시키는 자궁수축호르몬이 분비됩니다. 이 호르몬이 분비되면 자궁이 조금씩 줄어들어 아기가 밖으로 밀려 나옵니다.

태어난 아기는 어떻게 해야 무럭무럭 자랄까요? 무엇보다 잘 먹는 일이 중요합니다. 갓난아기는 치아가 없어서 음식을 씹지 못하기 때문에 우리와 똑같이 밥을 먹을 수 없습니다. 그래서 호르몬의 영향으로 산모에게는 젖이 분비됩니다. 자궁수축호르몬이 분비될 무렵, 뇌하수체에서는 젖샘을 자극하는 호르몬도 함께 분비됩니다. 임신부가 아기를 낳고 바로 아기에게 젖을 물릴 수 이유가 이 때문이지요. 여자가 사춘기기 되어 가슴이 커진다고 해도 항상 아기에게 젖을 물려줄 수 있지는 않습니다. 젖은 호르몬의 영향을 받아 아기를 낳은 후에만 나옵니다.

Q&A 꼭 알고 넘어가자!

문제 1 정자와 난자가 만나서 성공적인 임신이 되는 과정을 설명해 보세요.

문제 2 매달 여성이 임신할 수 있는 시기는 언제인가요?

3. 뇌하수체가 여포자극호르몬(FSH)을 분비하면 난소 안에 있는 여포가 자극을 받아 에스트로겐을 분비합니다. 에스트로겐이 분비되면 자궁벽이 서서히 두꺼워집니다. 그다음 뇌하수체에서 배란을 유도하는 황체형성호르몬(LH)을 분비하면, 에스트로겐의 분비량은 줄어듭니다. 그리고 배란이 되지요. 배란이 된 직후에는 프로게스테론이 분비되어 자궁벽을 계속 두껍게 유지시킵니다. 수정이 되지 않으면 프로게스테론이 줄어들어서 두꺼워졌던 자궁벽이 허물어지며 혈액과 함께 몸 밖으로 나오는 월경이 일어납니다.

문제 3 사춘기가 된 이후 여자의 몸에서는 네 가지 성호르몬이 활발히 분비됩니다. 이 네 가지 호르몬의 역할은 무엇인가요?

정답

1. 정자는 여자의 몸속으로 들어가 난관에서 난자와 만나 수정란이 됩니다. 수정란이 아기로 제대로 크기 위해서는 난관에서 자궁 쪽으로 이동해야 합니다. 이때 수정란은 엄마의 자궁벽에 달라붙습니다. 이 현상을 착상이라고 합니다. 수정란이 착상이 된 후, 자궁에서 잘 클 수 있는 공간을 확보하면 성공적인 임신이라고 할 수 있습니다.

2. 여성이 임신할 수 있는 시기는 배란일과 관련 있습니다. 배란일은 다음 월경이 시작하는 예정일의 14일 전입니다. 배란일 전후 2~3일 동안에도 임신이 될 수 있습니다. 정자와 난자가 몸속에 살아 있는 기간을 생각해야 하기 때문이지요. 그래서 배란일 전후로 2~3일, 총 5일 정도가 임신할 수 있는 기간입니다.

관련 교과

중학교 1학년 4. 생물의 구성과 다양성

중학교 3학년 1. 생식과 발생, 8. 유전과 진화

3. 염색체의 비밀

여자와 남자는 다른 점이 많습니다. 우선 생김새가 다르지요. 예외도 있지만, 대부분 남자가 키가 크고 근육이 많습니다. 여자는 사춘기가 지나면 가슴과 엉덩이가 발달합니다. 또 남자와 여자는 성격에서도 차이가 납니다. 여자와 남자는 왜 다를까요? 그리고 여자와 남자는 어떻게 정해질까요?

남자와 여자는 어떻게 정해질까요?

아기는 정자와 난자가 결합하여 생긴다고 앞에서 배웠습니다. 정자와 난자는 하나의 세포입니다. 세포란 우리 몸을 이루고 있는 가장 작은 단위이에요. 세포 안에 있는 핵 속에는 우리 몸을 결정하는 유전 암호가 들어 있습니다. 사람의 세포 한 개에는 46개의 염색체가 있어요. 우리 몸은 염색체에 있는 DNA가 어떤 순서로 결합되어 있느냐에 따라 결정됩니다. 사람의 염색체 중에서 44개는 우리 몸의 생김새를 결정하고, 두 개의 염색체는 우리의 성을 결정합니다. 성을 결정하는 염색체를 성염색체라고 해요. 성염색체에는 X염색체와 Y염색체가 있습니다. 여자의 세포에는 X염색체가 두 개 들어 있고, 남자의 세포에는 X염색체와 Y염색체가 한 개씩 들어 있습니다. 그래서 염색체를 표현할 때 여자는 44+XX, 남자는 44+XY로 표시합

■ 세포의 구성

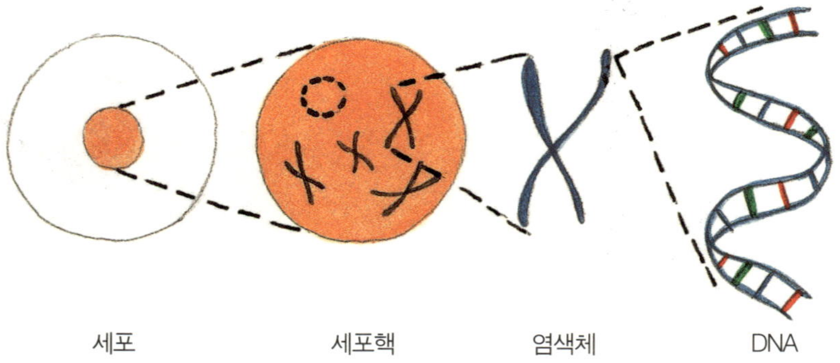

사람의 성은 성염색체에 따라 결정된다.

니다. 남자와 여자의 몸 구성 요소 중에 다른 부분인 생식기는 세포 속 성염색체에 따라 결정됩니다.

여자와 남자의 몸에서 난자와 정자가 만들어질 때는 세포 속 46개의 염색체가 반으로 줄어듭니다. 그래야 난자와 정자가 만나 세포가 하나로 합쳐질 때, 다시 46개의 염색체를 가진 사람이 만들어지기 때문이에요. 여자의 염색체 44+XX가 반으로 줄어들면 22+X가 되고, 남자의 염색체 44+XY가 반으로 줄어들면 22+X의 염색체를 가진 정자와 22+Y를 가진 정자로 두 가지 종류가 만들어집니다. 여자의 22+X 염색체와 남자의 22+X 염색체가 만나면 44+XX를 가진 딸이 태어나고, 여자의 22+X 염색체와 남자의 22+Y 염색체가 만나면 아들이 태어납니다. 아기의 성은 이렇게 남자의 염색체에 따라 결정됩니다.

쌍둥이는 왜 생길까요?

혹시 친구 가운데 쌍둥이가 있나요? 쌍둥이 가운데에는 생김새가 매우 비슷한 쌍둥이도 있고, 생김새가 다르고 심지어 성별도 다른 쌍둥이도 있어요. 두 가지 경우를 모두 쌍둥이라고 말하는데 왜 이렇게 차이가 날까요? 그 이유는 쌍둥이의 종류가 일란성과 이란성으로 두 가지가 있기 때문입니다.

여성의 난소에서는 매달 여러 개의 난자가 함께 자랍니다. 그중 제일 크고 튼튼한 난자 한 개만 난소 밖으로 배란되지요. 보통은 이렇게 배란된 난

일란성쌍둥이는 난자 하나와 정자 하나가 만나서 생기므로 유전자 구성이 같다.
ⓒ Glow@the Wikimedia Commons

자 한 개와 수많은 정자 가운데 튼튼한 정자 한 개가 결합해서 아기가 생깁니다. 그리고 아기는 엄마 배 속 자궁에서 열 달을 채우고 세상으로 나옵니다. 그런데 이러한 과정 중에 가끔 수정란이 두 개로 나누어지는 경우가 있습니다. 수정란이 두 개로 나누어지면 아기가 두 명 태어납니다. 이렇게 태어나는 쌍둥이는 한 개의 정자와 한 개의 난자로 만들어진 아이이기 때문에 유전자 구성이 똑같습니다. 성별도 같고, 혈액형도 같고, 생김새가 비슷한 사람 두 명이 태어났다는 뜻이지요. 이런 경우를 일란성쌍둥이라고 부릅니다.

여성은 한 달에 한 개의 난자를 난소에서 내보내는데, 아주 가끔 두 개의 난자가 한꺼번에 배란되기도 합니다. 이때 두 개의 난자가 두 개의 정자와 각각 결합하면 엄마 배 속에는 두 명의 아기가 자라게 됩니다. 이렇게 태어나는 아기를 이란성쌍둥이라고 해요. 이란성쌍둥이가 만들어질 때도 반드시 난자 한 개와 정자 한 개가 결합합니다. 만약 하나의 난자에 두 개 이상의 정자가 들어가게 된다면 그 수정란은 생명체로 자랄 수 없습니다. 이란성쌍둥이는 다른 정자와 다른 난자가 만났기 때문에 유전자 구성이 서로 다릅니다. 나와 동생이 한꺼번에 만들어졌다고 생각하면 됩니다. 그러니까 성별이 같을 수도 있고 다를

이란성쌍둥이는 두 개의 난자와 정자가 동시에 결합하여 생기므로 성별이 다를 수도 있다.
ⓒ Nick Gray(nickgraywfu@flickr.com)

■ 쌍둥이 발생 과정

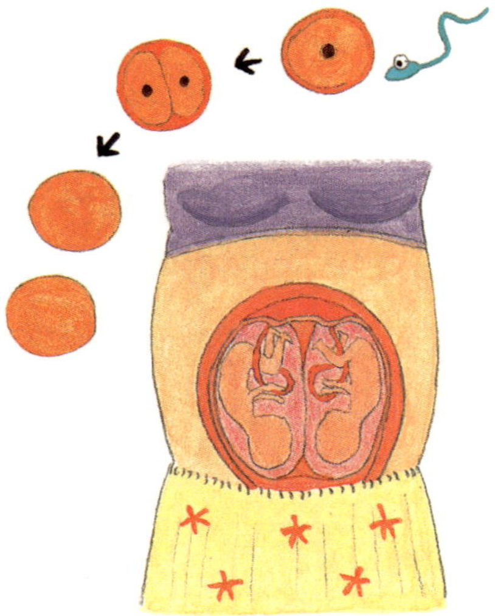

일란성쌍둥이

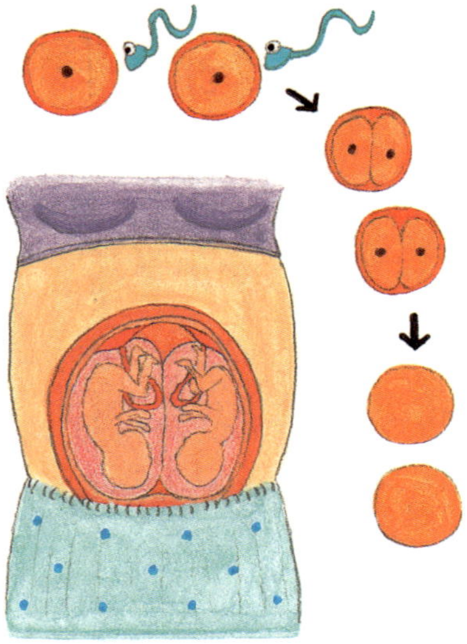

이란성쌍둥이

수도 있지요. 또한 혈액형을 포함한 모든 유전적 구성이 다릅니다.

쌍둥이를 연구하면 사람의 특징과 발달에 영향을 미치는 환경적 요인과 유전적 요인을 구분할 수도 있습니다. 일란성쌍둥이를 낳은 어떤 부모가 가난해서 쌍둥이 중 한 명은 직접 키우고 한 명은 부잣집에 입양을 보냈다고 생각해 보세요. 부모가 직접 키운 아이는 가난하기 때문에 영양분을 충분히 섭취하기 어려울 수도 있습니다. 하지만 입양된 아이는 영양분을 충분히 섭취하겠지요. 또 둘은 다른 가족과 함께 자라기 때문에 가족들에게서 영향 받는 정서적인 면도 다를 거예요. 이런 경우에도 쌍둥이 형제의 신체와 성격이 똑같이 자랄까요? 분명히 같은 유전자를 가지고 태어났지만, 살면서 얻는 많은 부분이 똑같기는 어려울 거예요. 쌍둥이 연구를 통하면 우리의 모습이 태어날 때부터 결정된 모습인지 아니면 살면서 얻어진 모습인지 판단할 수 있습니다.

TIP 요건 몰랐지?

샴쌍둥이

텔레비전 뉴스에서 몸이 붙은 채로 태어난 쌍둥이가 수술을 통해 몸을 분리했다는 소식을 전해 들은 적이 있을 거예요. 기형적으로 몸의 일부가 붙어서 태어난 일란성쌍둥이를 샴쌍둥이 혹은 샴쌍생아라고 부릅니다.

샴쌍둥이는 일란성쌍둥이가 생길 때 나타나는 현상입니다. 하나였던 수정란이 둘로 나누어지는 단계에서 완전히 나뉘지 못하고 중간에 멈춘 채로 배 속에서 자라서 태어나면 샴쌍둥이가 됩니다.

샴쌍둥이는 남자 쌍둥이보다 여자 쌍둥이가 많습니다. 또한, 중국, 아프리카, 베트남에서 주로 태어나는데 특히 베트남에서 많이 태어나기 때문에 사람들은 베트남 전쟁 때 사용한 식물을 없애는 약인 고엽제가 샴쌍둥이가 태어나는 원인라고 생각하기도 합니다.

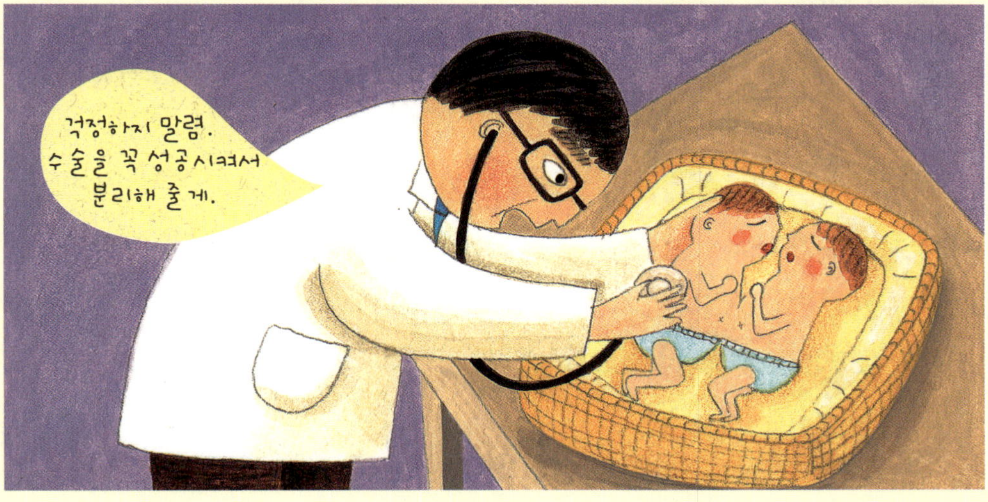

불임은 왜 생길까요?

경제협력개발기구(OECD)

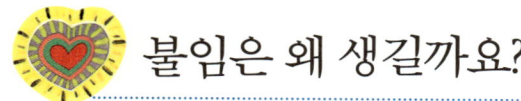

세계 30여 개의 선진국이 모여 경제 협력을 하는 모임입니다. 경제 성장, 개발 도상국 원조, 통상 확대를 주요 목적으로 하여 1961년에 창설된 국제 경제 협력 기구이에요. 우리나라는 1996년에 회원국으로 가입했습니다.

우리나라는 경제협력개발기구(OECD) 국가 중 출산율이 가장 낮은 나라입니다. 우리 부모님이 어릴 때는 한 집에 자식이 서너 명 있는 집이 많았는데 요즘은 한두 명 있는 집이 많습니다. 그런데 아기를 간절히 갖고 싶지만, 아기를 가질 수 없는 부부도 있습니다. 아기를 가지고 싶지만, 그럴 수 없는 경우를 불임이라고 합니다. 그러면 불임이 왜 생기는지 알아볼까요?

남자의 불임

예전에는 불임이라고 말하면 대부분 여자에게 문제가 있다고 생각했습니다. 하지만 임신을 하지 못하는 일이 여자에게만 책임이 있는 것은 아닙니다. 남자가 불임인 경우도 있습니다. 남자의 정액 속에 정자가 전혀 없거나 정자의 수가 극히 적으면 임신이 되지 않습니다. 정액 속에 정자가 전혀 없을 때를 무정자증이라고 하고, 보통 1cc의 정액 속에 정자가 3,000만 개 이하인 경우를 정자과소증이라고 합니다. 또 정자가 있다고 하더라도 정자의 편모 꼬리가 제대로 운동하지 못해 난자까지 헤엄쳐 가지 못해도 임신

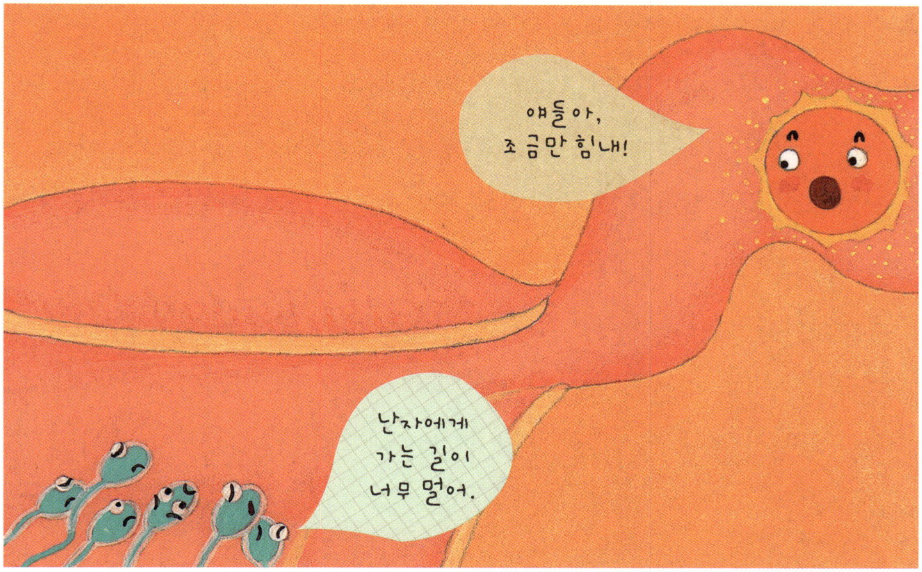

이 될 수 없습니다.

여자의 불임

남자에 비해 여자의 불임은 원인이 다양하고 복잡합니다. 생식기에 이상이 있거나 발육이 잘 되지 않은 경우, 월경이 없거나 있더라도 배란이 되지 않는 경우, 난소의 기능이 좋지 않은 경우, 난관에 이상이 있어서 정자와 난자가 만나지 못하는 경우에는 임신이 되기 어렵습니다. 그 밖에 빈혈, 당뇨병, 갑상선 질환 등의 질환이 있거나 자궁근종, 자궁내막증, 질염, 자궁경부염 등 생식기 질환이 있는 경우도 불임이 될 수 있습니다.

배란이 잘 되지 않는 여자 중에는 다낭성 난소 증후군인 경우가 있습니다. 원래 난자는 난소에서 여러 개가 함께 성장하다가 제일 큰 난자만 배란됩니다. 하지만 다낭성 난소 증후군을 앓으면 제일 큰 난소가 만들어지지 않습니다. 난소들이 조금씩 서로 크려고 해서 배란될 만큼 커지는 난자가 없어 배란이 이루어지지 않습니다. 그러면 제아무리 튼튼한 정자가 여자의 몸속으로 들어간다고 해도 난자를 만날 수 없어 임신이 될 수 없습니다.

임신이 되려면 정자와 난자가 난관에서 수정되어야 합니다. 그런데 난관 끝이 막혀 있어 난자가 제대로 배란이 되지 않으면 임신을 할 수 없습니다.

난관에서 수정되면 아기는 엄마의 자궁에서 열 달을 보냅니다. 만약 자궁이 기형이라면 정자와 난자가 만나 수정은 되지만, 아기가 자랄 수 있는 공간이 없어서 정상적인 출산을 할 수 없습니다. 이런 경우도 임신이 될 수 없습니다.

또, 수정이 되고 착상은 제대로 되었지만, 호르몬 분비가 제대로 이루어지지 않아서 임신 유지가 어려운 경우도 있습니다.

불임 치료

그렇다면 불임을 극복하는 방법에는 무엇이 있을까요? 요즘은 의학 기술이 발달해서 운동성이 없는 정자나 배란 장애 때문에 아기를 가질 수 없는 경우에는 인공수정과 시험관아기 등으로 아기를 가질 수 있게 되었습니다.

시험관아기는 무엇일까요? 시험관아기라고 하니까 정말 시험관 속에서 아기가 만들어지고 열 달 동안 자라서 나온다고 생각할 수 있지만, 작은 시험관 속에서는 아기가 계속 자랄 수 없습니다. 시험관아기는 시험관에서 수정이 이루어지고 난 다음에 수정란을 다시 엄마 배 속으로 넣어 주는 방법입니다. 아빠가 정자를 아예 만들 수 없는 경우에는 정자은행에 기증한 다른 사람의 정자로 시험관아기 시술을 하기도 합니다. 하지만 이런 경우에는 정자를 기증한 사람의 유전자를 물려받게 됩니다. 정자를 제공한 사

람을 닮은 아기가 태어나게 되지요.

인공수정은 아빠의 정자 중에 튼튼한 정자만 골라 엄마의 자궁 속으로 넣어 주는 방법입니다. 정자가 운동을 하지 못하는 경우에 주로 사용하는 방법입니다. 수많은 정자 중에서 난자와 수정할 수 있는 튼튼한 정자만을 사용합니다.

인공수정과 시험관아기의 역사는 그다지 길지 않습니다. 세계 최초의 시험관아기는 1978년에 영국에서 태어난 루이스 브라운이라는 아기입니다.

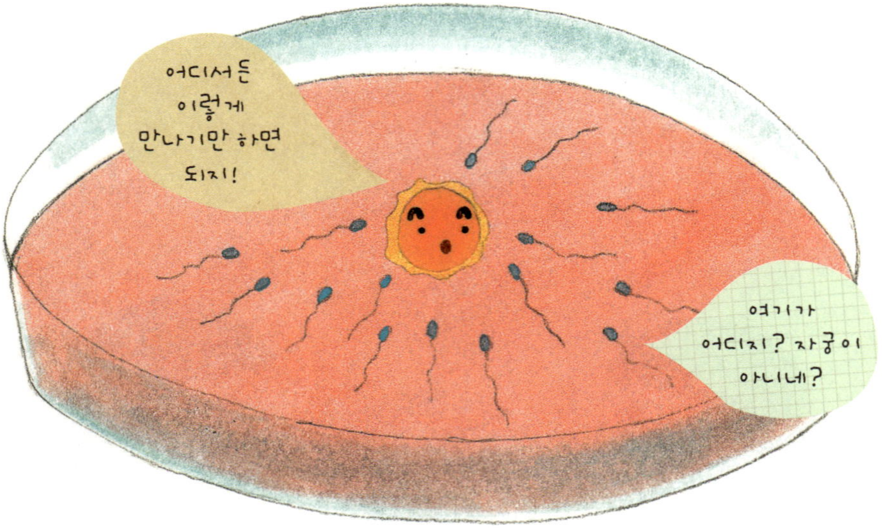

이제는 아기라고 부를 수 없는 나이가 되었지요. 루이스 브라운의 엄마는 난관의 끝 부분인 나팔관이 막혀서 아기를 가질 수 없었습니다. 그래서 난자를 뽑아 시험관에서 정자와 수정시켰고, 수정 후 48시간 만에 자궁에 착상시켜 아기를 성공적으로 낳을 수 있었습니다. 우리나라에서는 이보다 7년이 늦은 1985년에 남녀 쌍둥이가 시험관으로 처음 태어났습니다.

TIP 요건 몰랐지?

배아 줄기세포란 무엇일까요?

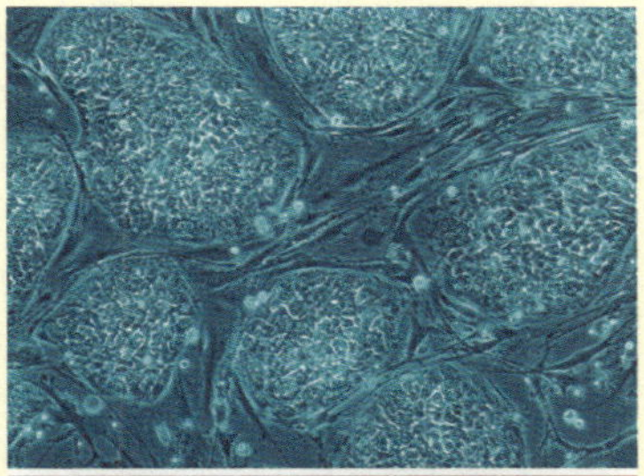

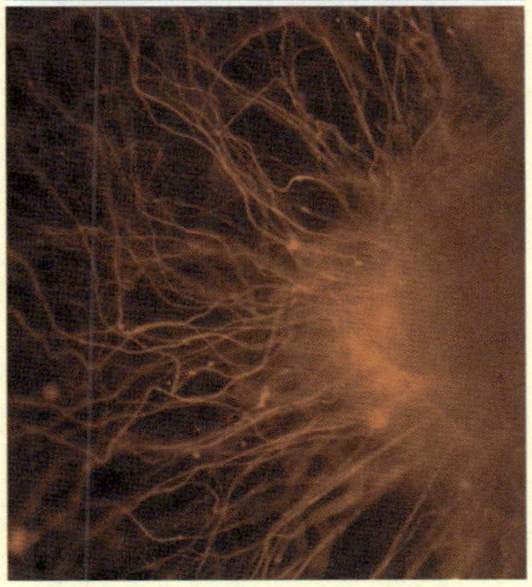

▲ 배아 줄기세포.
▼ 배아 줄기세포에서 얻은 신경세포.
ⓒ Nissim Benvenisty@the Wikimedia Commons

줄기세포는 몸 안에 있는 모든 조직을 만드는 기본적인 구성 요소로 뇌, 뼈, 피부 등 모든 기관으로 바뀔 수 있는 세포를 말합니다. 모든 기관으로 바뀔 수 있기 때문에 줄기세포를 각종 장기나 조직으로 분화시켜 사람 몸의 신호 체계를 밝혀내면 난치병 환자의 병을 고치는 데 큰 도움이 될 수 있습니다.

여기에서 분화란 초기 단계의 세포가 각 조직의 특성을 갖게 되는 과정을 말합니다. 정자와 난자가 만나 만들어진 수정란이 뼈, 심장, 피부 등의 다양한 조직 세포로 만들어지기 위해서는 분화가 일어나야 하지요.

배아 줄기세포는 이러한 분화 능력은 있지만 아직 분화가 일어나지 않은 세포입니다. 적절한 조건을 맞춰 주면 배아 줄기세포는 다양한 조직 세포로 분화할 수 있습니다. 배아 줄기세포는 수정란이 처음 분열을 시작할 때 수정란 안에 들어 있습니다. 그래서 배아 줄기세포의 연구 과정에는 한 명의 인간이 될 배아를 파괴해야 한다는 문제점이 있습니다. 그렇기 때문에 종교 단체와 인권 단체에서는 연구 목적의 수정란 사용을 강력히 반대하고 있습니다. 사람이 될 수 있는 수정란을 연구용으로 사용하기 때문에 윤리적으로 문제가 되는 거예요.

Q&A 꼭 알고 넘어가자!

문제 1 남자와 여자는 생김새뿐만 아니라 성격도 많이 다릅니다. 남자와 여자는 언제 어떻게 결정될까요?

문제 2 일란성쌍둥이와 이란성쌍둥이는 어떻게 생기나요?

3. 남자는 정액 속에 정자가 전혀 없거나 정자의 수가 극히 적은 것이 불임의 원인입니다. 또 정자가 정상적인 수로 있다고 하더라도 정자의 편모 꼬리가 제대로 운동하지 못해 난자까지 헤엄쳐 갈 수 없어도 임신이 될 수 없습니다. 여자의 불임은 원인이 다양하고 복잡합니다. 생식기에 이상이 있거나 발육이 잘 되지 않은 경우, 월경이 아예 없거나 있더라도 배란이 되지 않는 경우, 난소의 기능이 좋지 않은 경우, 난관에 이상이 있어서 정자와 난자가 만나지 못하는 경우 등으로 임신이 될 수 없습니다.

문제 3 임신을 간절히 바라지만 임신할 수 없는 상태를 불임이라고 합니다. 불임은 왜 일어날까요?

정답

1. 남자와 여자는 정자와 난자의 성염색체에 따라 달라집니다. 성염색체에는 X염색체와 Y염색체가 있습니다. 여자의 세포에는 X염색체가 두 개 들어 있고, 남자의 세포에는 X염색체와 Y염색체가 한 개씩 들어 있습니다. 여성의 22+X 염색체와 남성의 22+X 염색체가 만나면 44+XX 염색체를 가진 딸이 태어나고, 여성의 22+X 염색체와 남성의 22+Y 염색체가 만나면 아들이 태어납니다.

2. 일란성쌍둥이는 난자와 정자가 만나 수정이 되는 과정에서 수정란이 두 개로 나누어져 생깁니다. 이란성쌍둥이는 여성의 몸에서 한 번에 두 개의 난자가 배란되어 각각 정자를 만나 수정되어 만들어집니다.

관련 교과

중학교 3학년 1. 생식과 발생, 8. 유전과 진화

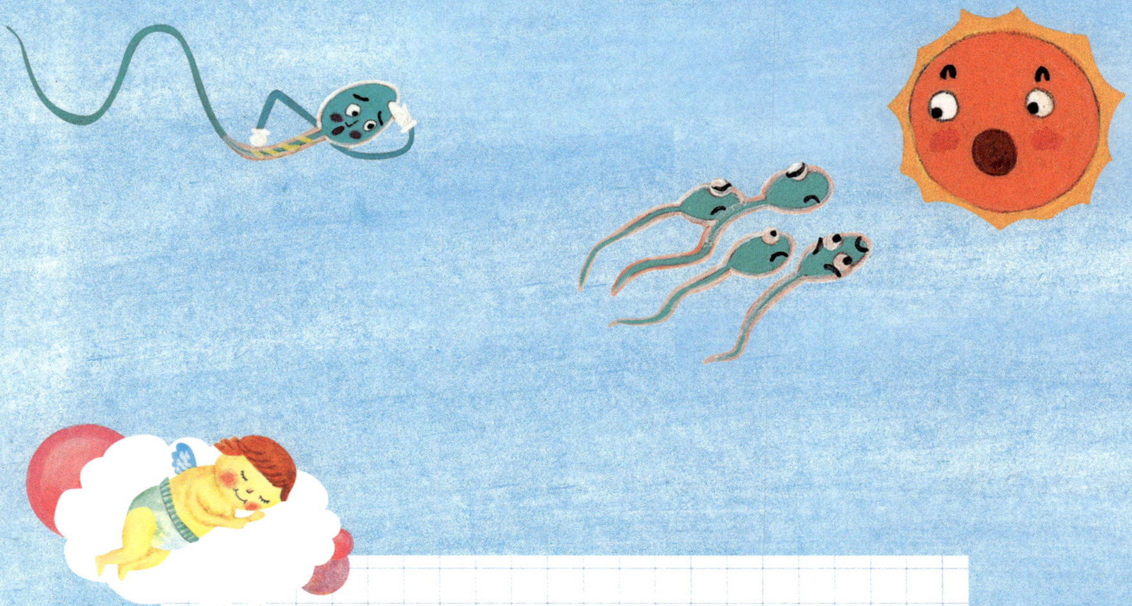

4. 올바른 성 지식

사람은 사춘기가 되면 성적으로 성숙하면서 이성에 대한 관심이 커집니다. 이 시기에는 몸이 커질 뿐만 아니라 새로운 생명을 탄생시킬 수 있는 시기이기 때문에 올바른 성 지식을 가지고 있어야 합니다. 성에 대한 잘못된 생각은 개인적으로도 사회적으로도 큰 문제를 불러일으킬 수 있으니까요.

성폭력

원스톱지원센터

성폭력, 가정 폭력, 학교 폭력 피해 여성을 지원하는 곳으로 서울, 울산, 부산, 광주 등 각 지역마다 있습니다. 서울 원스톱지원센터는 서울특별시와 서울지방경찰청과 경찰병원이 서로 약속하여 경찰병원 안에 열어 운영하고 있습니다. 상담, 의료, 수사, 법률을 한 장소에서 무료로 365일 24시간 내내 통합 지원하고 있습니다.

요즘 어린이를 대상으로 한 성폭력 사건이 종종 보도되고 있습니다. 이런 뉴스를 보면서 다른 사람 일이라는 생각에 나는 괜찮다고 여기면 안 됩니다. 성폭력은 언제 어디서나 누구에게든 일어날 수 있으니까요.

2010년 원스톱지원센터에서 13세보다 어린 아동을 상대로 일어난 성폭력 사건을 조사한 결과를 살펴보면 놀라운 사실을 알 수 있습니다. 성폭력이라고 하면 아는 사람보다 모르는 사람에게 당할 위험이 높다고 생각하기 쉽지만 실제는 그렇지 않았습니다. 아는 사람에게 성폭력을 당한 경우가 55%였습니다. 그중에는 이웃에 사는 아저씨가 가장 많았고 선생님도 포함되어 있었습니다.

내가 잘 아는 사람이고 평소에 친절했던 사람이니까 괜찮다고 생각하기보다는 미리 주의해야 만일의 사태를 대비할 수 있습니다. 특히 혼자 있을 때는 '설마 아는 사람인데, 나한테 나쁜 짓을 하겠어?'라고 쉽게 판단하지 말고 숨겨진 의도를 생각해 볼 필요가 있습니다. 평소 알고 지내던 사람이 갑자기 으슥한 곳으로 가자고 하거나 사람이 많이 다니지 않는 곳으로 가자고 하면 무작정 따라가지 말고 의심해 보아야 합니다. 그리고 갑자기 몸을 만진다거나 너무 가까이 다가온다면 큰 소리로 “내 몸에 손대지 마세요!”라고 분명하게 의사 표현을 하고 그 자리를 얼른 피해야 합니다. 사람이 많은 큰길로 나가거나 더욱 큰 소리를 내어 내가 있는 위치를 주위 사람들에게 알리는 것도 중요합니다.

만약 길을 지날 때 “너 아주 예쁘게 생겼구나! 나는 연예인 기획사 아저씨야.”라고 말을 걸어도 쉽게 믿으면 안 됩니다. 미끼를 던져 말을 붙이려고 하는 경우가 있기 때문이에요. 만약 연예 활동에 관심 있다면, 아저씨에

게 명함을 달라고 하여 부모님과 의논한다고 말하고 그 자리를 떠나야 합니다. 또, 늦은 밤 어둡고 사람의 인적이 드문 곳은 항상 위험이 뒤따르고 있다는 사실을 꼭 명심해야 합니다.

낯선 사람이 찾아와 부모님과 잘 아는 사이인데 부모님이 사고를 당하셨다는 등의 충격적인 말로 유인하는 경우도 있습니다. 이럴 때는 '사고'라는 말에 당황해서 이성적으로 생각하지 못하는 경우가 많습니다. 그래서 그 사람이 누군지 확인할 겨를도 없이 무작정 따라가기 쉽습니다. 그럴 때는 무작정 모르는 사람을 따라가기보다는 집에 전화해서 먼저 확인해 보아야 합니다.

어린이들은 몸이 작아서 아저씨가 차를 가져와 번쩍 안아서 태우면 꼼짝없이 차에 갇히게 되는 경우도 있습니다. 만약 모르는 사람이 "차에 태워 집에 데려다 주겠다."라고 한다면 단호하게 거절하세요. 그리고 억지로 차에 태우려고 하면 강하게 저항하고 차에 타지 않도록 발버둥을 쳐야 합니다.

만약, 지하철이나 버스처럼 사람이 많은 곳에서 누군가가 가슴이나 엉덩이를 만지려 하거나 몸을 밀착해 성추행하려고 하면, 큰 소리로 "무슨 짓이에요!"라고 말해 창피를 주어야 합니다. 그런 사람 가운데는 윽박지르면 놀라 도망갈 수 있는 겁쟁이가 많거든요. 만약 저항했는데도 계속 그런 짓을 하면 주변 어른과 경찰에게 도움을 구해야 합니다.

우리는 흔히 성폭력을 남자가 여자에게 가하는 행동이라고 생각합니다. 하지만 성폭력은 여자에게만 가해지는 행동이 아니라 남자에게도 가해질 수 있다는 사실을 알아야 해요. 옛날 사람들은 성에 대한 개념을 여성에게만 강조했습니다. 그래서 날씨가 더워지면 남자아이는 옷을 벗겨 놓은 채로 생활하게 하는 경우가 많습니다. 이런 관습은 지금도 완전히 없어지지는 않았습니다. 요즘에도 할머니와 할아버지 가운데에는 어린 남자아이의 성기를 만지거나 바지를 벗겨 놓고 생활하게 하는 분도 있으니까요. 하지만 이러한 관습은 바뀌어야 할 성 문화입니다. 선생님이나 동네 아주머니

가 남자아이의 몸을 만지거나 성적으로 수치스러운 말을 한다면 이것도 엄연히 성폭력에 속합니다. 또한 남자가 남자에게 가하거나 여자가 여자에게 가하는 성폭력도 있습니다.

대부분 성폭력을 당한 사람은 이를 세상에 알리기 싫어합니다. 어쩔 수 없이 당한 폭력이지만 알려진다는 사실이 수치스럽기 때문입니다. 하지만 성폭력을 저지른 사람은 반드시 벌을 받아야 마땅합니다. 그래야 앞으로 또 다른 피해자가 생기지 않을 테니까요.

그리고 몸에 손상을 입고 접촉당하는 것만이 성폭력은 아닙니다. 언어로 당하는 성폭력도 있습니다. 음란성 전화도 성폭력의 하나라고 할 수 있습니다. 음란성 전화에 자꾸 반응하면 계속 전화를 걸어 괴롭힐 수 있으니 그럴 때는 전화를 어른에게 바꾸어 주거나 빨리 끊어 버리세요. 학교나 학원에서 선생님의 이야기 때문에 성적으로 수치심을 느꼈다면 이것도 분명한 언어 성폭력입니다. 그러니 수치심을 느끼는 말을 들었을 때는 아무렇지 않게 넘기지 말고 부모님께 꼭 말씀드려야 합니다.

TIP
요건 몰랐지?

성폭행을 당했다면 어떻게 할까요?

이런 일이 생기면 안 되겠지만, 성폭행을 당했다면 제일 먼저 부모님께 알려야 합니다. 그렇지 않으면 나중에 더 심각한 결과가 생길 수도 있거든요. 성폭행을 당한 사람은 원하지 않는 피해를 입었을 뿐이니까 죄의식이나 수치심을 가질 필요는 없습니다. 피해를 준 사람은 법을 어겼을 뿐만 아니라 한 사람에게 심리적, 육체적 고통을 주었기 때문에 반드시 처벌을 받아야 합니다. 그러니 가해자에게 개인적인 대응을 하기보다는 법적으로 처벌할 수 있는 전문 기관에 신고하는 방법이 가장 좋습니다. 신고를 할 때에는 다음과 같은 사항에 유의하세요.

- 성폭행을 당했던 날짜와 시간, 장소를 기록해 두세요.
- 가해자의 생김새와 옷차림을 기억해서 기록해 두어야 해요.
- 성폭행을 당한 후 72시간 내에 병원에 가서 증거를 채취하고 성병에 걸리지는 않았는지, 임신을 하지는 않았는지 검사해야 해요.
- 당시 입었던 옷을 세탁하지 말고 잘 보관해야 해요. 나중에 증거 자료가 될 수도 있으니까요.
- 정신적인 충격이 있을 수 있으니 전문 기관에 연락해 심리적 안정을 위해 노력해야 해요.

만약에
성폭행을 당하면
어떻게 해야 되지?
성폭행을
당했을 때는
먼저 부모님께
알려야 해!

낙태와 피임

낙태는 임신 중절 수술이라고도 합니다. 배 속의 아기가 정상적으로 자라지 못해서 그 영향으로 엄마의 생명이 위험해지거나 태아에게 심각한 장애가 있어 태어나도 정상적으로 살아가기 어려운 경우에 엄마 몸에서 아기를 없애는 수술입니다.

낙태 수술은 태아를 잘게 부수어 아주 강력히 빨아들이는 기계로 끌어내는 방법으로 진행됩니다. 태아는 8주 정도가 되면 심장과 뇌가 거의 다 생깁니다. 그래서 뇌파도 감지할 수 있는 정도가 됩니다. 이 시기에 태아는 외부 자극에 반응을 할 수 있어서 생명에 위협을 느끼면 피하려고 합니다. 손가락 크기만 한 아기가 살아남기 위해 좁은 공간에서 발버둥치는 모습을 생각해 보세요.

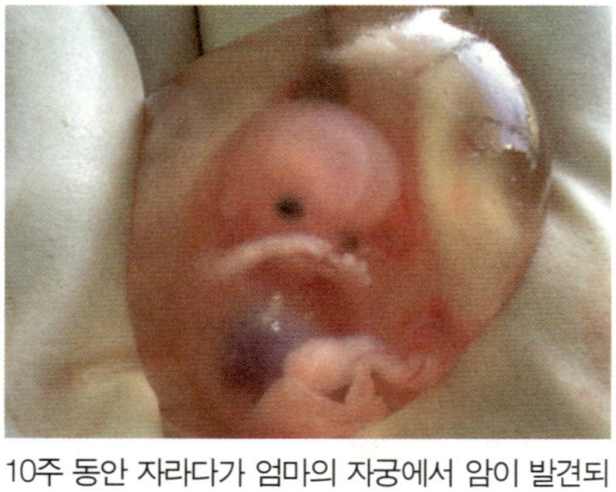

10주 동안 자라다가 엄마의 자궁에서 암이 발견되어 통째로 낙태된 태아.
ⓒ drsuparna@the Wikimedia Commons

낙태는 어린 아기를 죽이는 일과 크게 다르지 않습니다. 물론 생명을 잃은 아기도 불쌍하지만, 어린 아기를 보내야만 하는 부모도 고통스럽습니다. 낙태 수술을 한 여성은 정신적으로 심한 죄책감을 겪기도 하고, 수술 후유증이나 부작용으로 몸이 힘들어지기도 합니다. 특히 청소년은 자궁이 완전히 성숙하지 않은 상태이기 때문에 임신 중절 수술을 하면 자궁이 손상을 입어 훗날 제대로 아기를 낳지 못하게 될 수도 있습니다. 따라서 임신과 출산은 계획적으로 진행되어야 하며, 축복 속에서 아기를 낳아야 합니다.

계획적으로 임신과 출산을 하기 위해서는 피임을 해야 합니다. 피임은 임신이 일어나지 않도록 인위적으로 막는 것을 말합니다. 정자와 난자가 아예 만날 수 없게 하거나, 정자와 난자가 만나 수정이 되더라도 수정란이 착상되는 것을 막으면 임신을 피할 수 있습니다. 피임 방법으로는 기구를 사용하는 방법, 약을 사용하는 방법, 수술하는 방법 등이 있습니다.

약을 사용하는 방법으로는 여자가 피임약을 먹는 방법이 있습니다. 피임약에는 화학적으로 합성하여 만든 호르몬이 들어 있습니다. 약으로 섭취한 호르몬이 여자의 배란기를 조절해 임신을 피할 수 있습니다. 또, 수정란이 착상하지 못하게 조절하는 약도 있습니다. 약을 먹는 방법은 간편하고 효과적이지만 인위적으로 호르몬을 조절하기 때문에 부작용이 생길 수 있습니다.

피임 수술에는 남자가 받는 수술과 여자가 받는 수술이 있습니다. 남자가 받는 수술은 정관을 막아 정자가 나오지 못하게 하는 정관 수술이고, 여자가 받는 수술은 난관을 실로 묶거나 잘라서 난자가 자궁으로 이동할 수 없도록 하며, 정자 역시 난관으로 들어올 수 없게 하는 난관 수술입니다.

Q&A 꼭 알고 넘어가자!

문제 1 성폭력을 당하지 않기 위해서는 어떻게 해야 할까요?

문제 2 만약 성폭행을 당했다면 어떻게 해야 할까요?

습니다.

3. 낙태는 임신 중절 수술이라고도 합니다. 낙태는 배 속의 아기가 정상적으로 자라지 못해서 그 영향으로 엄마의 생명이 위험해지거나, 태아에게 심각한 장애가 있어 태어나도 정상적으로 살아가기 어려운 경우에 엄마 몸에서 아기를 없애는 수술입니다.

문제 3 낙태란 무엇인가요?

정답

1. 평소 알고 지내던 사람이 갑자기 으슥한 곳으로 가자고 하거나 사람이 많이 다니지 않는 곳으로 가자고 하면 무작정 따라가지 말고 의심해 보아야 합니다. 그리고 갑자기 몸을 만진다거나 너무 가까이 다가온다면 큰 소리로 분명하게 싫다는 의사 표현을 하고 그 자리를 얼른 피해야 합니다. 자신이 연예인 기획사에서 일을 한다며 접근하거나 부모님이 사고를 당하셨다는 등의 말로 접근할 때도 바로 믿지 말고 먼저 확인해 보아야 합니다.

2. 성폭행을 당했다면 제일 먼저 부모님께 알려야 합니다. 그렇지 않으면 나중에 더 심각한 결과가 생길 수도 있거든요. 성폭행을 당한 사람은 원하지 않는 피해를 입었을 뿐이니까 죄의식이나 수치심을 가질 필요는 없습니다. 그리고 가해자에게 개인적인 대응을 하기보다는 법적으로 처벌할 수 있는 전문 기관에 신고하는 방법이 가장 좋

관련 교과

초등 3학년 1학기 3. 동물의 한살이
초등 3학년 2학기 2. 동물의 세계
중학교 1학년 4. 생물의 구성과 다양성
중학교 3학년 1. 생식과 발생

5. 다른 동물의 성

사람과 다른 동물의 성에서 나타나는 큰 차이점 중 하나는 암컷의 크기입니다. 사람은 대부분 남자가 크고 힘이 세지만 동물은 암컷이 더 크고 우두머리가 되는 경우가 많습니다. 살아가는 환경이 달라서 위치와 지위도 달라진 거예요. 동물은 성에 따라 어떤 차이가 있는지 자세하게 알아볼까요?

동물의 암수

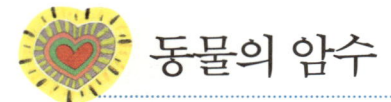

동물도 사람처럼 종족 번식을 하기 위해서 암컷과 수컷이 필요합니다. 사람은 눈으로 보면 남자와 여자를 구별할 수 있지만 동물은 아주 자세히 살펴보지 않으면 암컷인지 수컷인지 알아보기 어렵기도 합니다. 게다가 지렁이같이 정소와 난소가 한 몸에 있어서 암수의 구분이 없는 동물도 있습니다. 지렁이처럼 암수 구분이 없는 동물을 자웅동체라고 부르고 사람처럼 암컷과 수컷이 따로 있는 동물을 자웅이체라고 부릅니다. 그러면 자웅이체 동물의 암수는 어떻게 다른지 알아볼까요?

먼저 게의 암수에 대해 살펴볼게요. 게의 암수를 한눈에 알아보기는 쉽지 않습니다. 하지만 게를 뒤집어서 배를 보면 쉽게 알 수 있습니다. 게는

암게는 배가 크고 넓적하다.

수게는 배가 작다.

머리와 가슴이 하나로 되어 있고 그 아래에 배가 있습니다. 배가 작으면 수게고, 크고 넓적하면 암게입니다. 암게는 알을 낳기 때문에 배가 넓습니다. 암게는 알을 낳으면 배에 있는 털 안에 알을 붙여 놓고 일정 기간 동안 알을 보호합니다. 그래서 우리는 암게가 알을 밸 시기에는 수게보다 암게를 즐겨 먹습니다.

사자의 암수는 눈으로 보고 쉽게 구별할 수 있습니다. 수사자에게만 목 주변에 긴 털이 있고, 암사자에게는 긴 털이 없기 때문입니다. 수사자의 목덜미에 난 긴 털을 갈기라고 부릅니다. 대개 갈기가 어두운 수사자일수록 힘이 세고, 무리에서 서열이 높습니다.

사자는 사람처럼 수컷이 암컷보다 몸집이 큽니다. 사자도 포유류이기 때문입니다. 알을 낳는 동물

포유류

척추동물의 한 종류입니다. 동물 가운데 가장 똑똑한 집단이에요. 포유류는 몸에 털이 나 있고 폐로 숨을 쉽니다. 또 체온이 일정한 정온동물이며, 암컷이 새끼를 낳아 젖을 먹여 기릅니다.

수사자는 갈기가 있고 암사자는 갈기가 없다.

은 정자와 난자가 만나 수정이 된 후에 암컷이 알을 낳고 품어야 해서 암컷이 몸집이 큰 경우가 많습니다. 하지만 포유류는 알을 품지 않아서 수컷보다 암컷이 큰 경우가 드뭅니다.

사자는 무리 생활을 합니다. 한 무리는 보통 두 마리에서 열여덟 마리의 암사자와 암사자의 새끼, 한 마리에서 일곱 마리의 수사자로 구성되어 있습니다. 사냥은 주로 암사자가 하지만 무리의 우두머리는 수사자가 합니다.

사람처럼 2차 성징이 나타나는 동물도 있습니다. 우리에게 친근한 닭이 바로 2차 성징이 나타나는 동물입니다. 닭이 병아리일 때는 우리 눈으로 암수를 구분하기 어렵습니다. 사람도 2차 성징이 일어나기 전까지는 겉모습을 어떻게 꾸미느냐만 다를 뿐 남자와 여자의 차이가 뚜렷하지 않습니다. 하지만 사람이 사춘기를 지나면 남녀가 확실히 구분이 되는 것처럼 닭도 병아리에서 닭으로 변하는 2차 성징이 일어나면 암컷과 수컷의 차이가 확실

수탉은 깃털이 화려하며 꽁지 털이 있고, 암탉은 엉덩이가 퍼져 있다.

해집니다. 수탉은 몸의 깃털이 전체적으로 화려하고, 꽁지에 긴 털이 있어 매우 아름답습니다. 또 수탉 머리에는 왕관을 쓴 것처럼 뾰족하고 빨간 볏이 달려 있습니다. 싸우기에 좋은 큰 발톱도 있어서 먹이 사냥에 유리합니다. 하지만 암탉에게는 발톱이 없고 흔적만 남아 있습니다. 그 대신에 암탉은 쉽게 알을 낳을 수 있게 엉덩이가 퍼져 있습니다.

곤충은 포유류와 달리 암컷이 수컷보다 몸집이 큽니다. 수컷의 역할이 짝짓기밖에 없기 때문에 굳이 몸집이 클 필요가 없기 때문입니다. 암컷 메뚜기에 꽁지 부분을 자세히 살펴보면 두 개의 뾰족한 돌기를 볼 수 있습니다. 이 부분이 알을 낳는 산란관이라는 기관입니다. 메뚜기는 이 산란관을 흙에 꽂아 흙 속에 알을 낳습니다.

포유류는
대부분 수컷이
암컷보다 몸집이
커요.
그러면
재는 왜 저보다
크죠?

TIP 요건 몰랐지?

암탉이 울면 집안이 망한다?

우리나라 속담 가운데는 "암탉이 울면 집안이 망한다."라는 말이 있습니다. 이 속담은 무슨 뜻일까요? 암탉이 우는 일이 흔히 볼 수 있는 일이 아니어서 이런 속담이 만들어졌을까요? 그러면 시골집에서 아침마다 큰 소리로 울던 닭은 모두 수탉이었을까요?

우리가 생각하는 커다란 닭 울음소리는 수탉이 내는 소리가 맞습니다. 그렇지만 암탉이 아예 울지 않는다는 뜻은 아닙니다. 수탉은 다른 동물이나 다른 수탉에게 자신을 과시하기 위해 힘차게 울지만 암탉은 알을 낳는 데 힘을 쓰기 위해 크게 울지 않습니다. 큰 소리로 우는 데 쓸 힘을 알을 낳는 데 쓰는 거예요.

이 속담은 남성 위주의 관습 때문에 만들어진 말입니다. 예전에 우리나라에서는 남자가 밖에서 경제 활동을 하고 여자가 집에서 아기를 낳고 살림을 담당했습니다. 그래서 여자가 큰소리를 내면서 남자를 이기려 하면 안 된다고 생각하는 사람들이 많았습니다. "암탉이 울면 집안이 망한다."라는 속담은 암탉이 수탉처럼 큰 소리로 울지 않듯, 가정에서도 여자가 남자보다 큰소리로 자기 의견을 내면 안 된다는 뜻으로 생긴 말이에요. 하지만 요즘은 남녀가 평등하게 교육을 받고 사회생활을 하면서 개인의 능력에 따라 인정을 받는 시대입니다. 그래서 이런 속담은 요즘의 상황과는 맞지 않습니다.

꼬~끼오~
사람은 이제 여자도 큰소리를 내는데, 우리는 아직도 크게 울지 못하네.

동물의 짝짓기

사람은 짝짓기를 할 시기가 되면 남자와 여자가 만나 사랑하는 감정을 느껴 청혼을 하고 결혼을 합니다. 청혼은 "저와 결혼해 주세요."라고 말하며 연인에게 결혼을 부탁하는 거예요. 부모님께 누가 먼저 청혼을 했는지 여쭈어 보세요. 대부분의 부모님이 두 분 중 한 분이 청혼을 하고, 한 분이 받아들여서 결혼하셨을 거예요. 사람이 청혼을 하는 것처럼 다른 동물도 짝짓기를 할 시기가 되면 평소와는 다른 특징이 나타납니다.

가시고기의 짝짓기

짝짓기 시기에 두드러진 특징이 나타나는 대표적인 동물은 가시고기입니다. 해마다 꽃 피는 봄이 오면 가시고기 가운데 몸집과 가시가 가장 큰 수컷이 먼저 집을 지을 터를 잡습니다. 만약 여기에 다른 수컷이 얼쩡거리면 날카로운 이빨로 얼른 쫓아 버립니다. 그리고 평소에 은색과 금색이던 비늘 색깔이 조금씩 변합니다. 암컷은 붉게 물든 수컷 가시고기의 배 빛깔에 마음을 빼앗겨 버립니다.

가시고기류 중 우리나라에서 가장 흔한 물고기는 큰가시고기입니다. 큰가시고기의 알 낳는 과정에 대해 살펴볼까요? 큰가시고기의 수컷은 몸이 물드는 시기가 되면 물속에 있는 지푸라기나 작은 나뭇가지를 모아서 집을 짓습니다. 암컷이 낳은 알이 물에 쓸려 내려가거나 흘러가서 다른 물고기의 먹이가 되지 않도록 튼튼하게 집을 짓습니다. 수컷의 몸에서 분비되는 점액은 지푸라기나 나뭇가지가 센 물살에서도 쓸려 내려가지 않게 단단히 붙여 주는 역할을 합니다. 점액이 강력한 본드 역할을 하는 셈이지

가시고기는 짝짓기 시기에 배 빛깔이 붉게 물든다. ⓒ Viridiflavus@the Wikimedia Commons

요. 수컷은 새의 둥지처럼 생긴 집을 다 지으면 암컷을 데려와 집 안에 알을 낳게 합니다. 암컷 큰가시고기는 알을 낳고 둥지를 떠나 그리 멀지 않은 곳으로 가서 죽음을 맞이합니다. 알을 낳느라 힘을 너무 많이 썼기 때문입니다. 암컷이 알을 낳은 후에 수컷은 그 위에 정자를 뿌립니다. 그런데 수컷 큰가시고기는 여러 마리의 암컷에게 알을 낳게 합니다. 떠내려가는 알이 많아 제대로 부화할 수 있는 알이 많지 않기 때문입니다. 알을 낳은 암컷은 모두 죽기 때문에 알을 지키는 임무는 오로지 수컷의 몫이 됩니다. 수컷은 알에 산소를 공급하기 위해서 밤낮을 가리지 않고 입과 지느러미를

흔들어 물살을 일으킵니다. 알이 충분히 클 때까지 이 행동을 계속하다가 알에서 새끼들이 나올 때쯤에는 기운이 없어 죽고 맙니다. 큰가시고기는 이렇게 엄마와 아빠의 희생으로 태어납니다.

잠자리의 짝짓기

가을이 되면 코스모스 사이로 잠자리가 날아다니는 모습을 흔하게 볼 수 있습니다. 이때 잠자리를 자세히 살펴보면 두 마리가 붙어서 날아다니는 모습도 볼 수 있습니다. 가을은 잠자리가 짝짓기를 하는 시기입니다. 앞뒤로 붙어가는 잠자리 중에서 앞에 있는 잠자리가 수컷이고, 뒤에 매달려 가는 잠자리가 암컷입니다. 잠자리 수컷의 배 끝에 집게가 있어 그 집게로 암컷을 매달고 하늘을 납니다. 하지만 하늘을 날아다니면서 짝짓기를 하지는 않습니다. 진짜 짝짓기는 물 가까운 곳에서 이루어집니다. 짝짓기가 끝나면 연못이나 웅덩이에 알을 낳기 때문입니다. 두 마리의 잠자리가 하늘을 날다가 물 가까운 곳으로 내려와 알을 낳습니다.

잠자리는 물 가까운 곳에서 짝짓기를 한다.
ⓒ Don DeBold@the Wikimedia Commons

지렁이의 짝짓기

지렁이는 암수가 한 몸에 있는 자웅동체 동물입니다. 자웅동체인 지렁이는 짝짓기를 어떻게 할까요?

몸 안에 정소와 난소가 모두

지렁이는 환대를 서로 맞대어 비비며 짝짓기를 한다. ⓐBeentree@the Wikimedia Commons

있으니까 정자와 난자가 모두 만들어져 짝짓기가 필요 없다고 생각할 수도 있어요. 하지만 지렁이도 짝짓기를 합니다. 지렁이의 구조를 자세히 살펴보면 몸이 많은 마디로 이루어져 있다는 사실을 알 수 있습니다. 지렁이는 번식기가 가까워지면 몸 앞쪽의 마디가 합쳐져 부풀고 색이 없어집니다. 이곳을 환대라고 해요. 두 마리의 지렁이가 환대를 서로 맞대어 비비면 한쪽의 지렁이에서 다른 한쪽의 지렁이로 정자가 이동합니다. 그러면 정자를 받은 지렁이의 몸 안에서 수정이 이루어져 알을 낳게 됩니다.

동물의 탄생

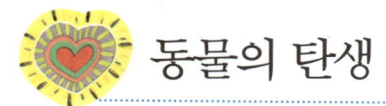

동물이 짝짓기를 하는 이유는 새끼를 낳아 자손을 퍼뜨리기 위해서입니다. 사람처럼 다른 동물도 정자와 난자가 수정되어 만들어집니다. 그런데 몸속에서 수정이 되는 동물도 있고 몸 밖에서 수정이 되는 동물도 있습니다. 사람처럼 몸속에서 일어나는 수정을 체내수정이라고 부르고, 몸 밖에서 일어나는 수정을 체외수정이라고 합니다. 체외수정을 하는 동물은 대부분 물속에서 사는 동물입니다. 물속에서는 정자와 난자가 건조해지지 않기

어미 새는 알을 낳을 때와 새끼가 부화될 때 두 번 아기의 탄생을 지켜본다. ⓒ monkeywing@flickr.com

때문에 암컷이 낳은 알 위로 수컷이 정자를 뿌려 수정을 할 수 있습니다.

사람은 보통 한 번에 한 명의 아기를 낳지만, 체외수정을 하는 동물은 한꺼번에 아주 많은 알을 낳습니다. 그 이유는 물속에서 다른 동물의 먹이가 되는 알도 많고, 물에 쓸려 내려가 제대로 크지 못하고 죽는 알도 있기 때문입니다.

육지에서 알을 낳는 동물은 물속에서 알을 낳는 동물보다 알을 적게 낳습니다. 육지는 물속보다 다른 동물이 알을 잡아먹을 위험이 적기 때문입니다.

새는 아기의 탄생을 두 번 지켜보아야 합니다. 한 번은 알을 낳을 때이고, 또 한 번은 알에서 새끼가 깨어날 때입니다. 알이 부화가 될 때까지 새는 오랜 기간 알을 품고 있습니다.

물속에서 알을 낳는 동물은 육지 동물보다 왜 알을 많이 낳지?
물에 쓸려 내려가서 부화되지 못하는 알이 많기 때문이야.

Q&A 꼭 알고 넘어가자!

문제 1 우리가 즐겨먹는 게는 암수를 어떻게 구별할까요?

문제 2 큰가시고기가 알을 낳는 과정을 설명해 보세요.

3. 사람처럼 몸속에서 이루어지는 수정을 체내수정이라고 부르고, 몸 밖에서 일어나는 수정을 체외수정이라고 합니다. 체외수정을 하는 동물은 대부분 물속에서 사는 동물입니다. 물속에서는 정자와 난자가 건조해지지 않기 때문에 암컷이 낳은 알 위로 수컷이 정자를 뿌려 수정을 할 수 있습니다.

문제 3 체외수정과 체내수정의 차이점은 무엇인가요?

정답

1. 게의 암수는 한눈에 구별하기가 쉽지 않습니다. 하지만 게를 뒤집어서 보면 쉽게 알 수 있습니다. 게는 머리와 가슴이 하나로 되어 있고 그 아래에 배가 있습니다. 배가 작으면 수컷이고, 크고 넓적하면 암컷입니다.

2. 큰가시고기 수컷은 짝짓기 시기가 되면 배 쪽 비늘 색깔이 붉게 변합니다. 붉게 변한 수컷은 지푸라기나 작은 나뭇가지를 모아서 집을 짓고 암컷을 데려와 집 안에 알을 낳게 합니다. 암컷은 알을 낳고 둥지를 떠나 죽습니다. 수컷은 암컷이 낳은 알 위에 정자를 뿌립니다. 수컷은 알에 산소를 공급하기 위해서 밤낮으로 물살을 일으킵니다. 계속 반복하다가 새끼들이 나올 때쯤에는 기운을 잃고 죽습니다.